ENCONTRANDO EL CAMINO

EDYAH BARRAGAN

CENTRO DE LITERATURA CRISTIANA
en países de habla hispana

Bolivia: Calle Suárez Arana Número 505
entre Calle Hans Greter y Horacio Ríos
Santa Cruz de la Sierra,
Bolivia - www.clcbolivia.com

Colombia: Diagonal 61 D Bis No. 24-50
ventasint@clccolombia.com
www.editorialclc.com – www.clccolombia.com
Bogotá, D.C.

Chile: Amunategui 57 Santiago
amunategui@clcchile.com
Santiago de Chile - WhatsApp: +56 9 84153279

Ecuador: Av. Prensa N42-138
WhatsApp: +593 98 6523751
Quito - www.clcecuador.com

España: Calle Marqués de Mondejar, 34
Madrid, 28028
madrid@clclibros.org - +34 91 725 7853

México: Av. Del Peñón 406, Col. Pensador Mexicano
Alcaldía Venustiano Carranza, C.P. 15510
www.clc-mexico.com
contacto@clc-mexico.com

Panamá: P.H. Plaza Doral Local #6
frente a Galerías Obarrio, Vía España
ventas@clcpanama.net - WhatsApp: +507 6981-8101
Panamá - www.clclibros.com

Perú: Jirón Pachitea, 264. Cercado de Lima
www.libreriaclcperu.com - WhatsApp +51- 991914716

Uruguay: Av. Uruguay 1424
libros@clcuruguay.com
Montevideo - WhatsApp: +598 91 744 081

USA: CLC Ministries International
churd@clcpublications.com
Fort Washington, PA

Venezuela: Av. Henry Ford c.c unicenter galpón 1- Valencia
Delvis.blanco@clcvenezuela.com
Whatsapp +58424-7286674 - www.clcvenezuela.com

EDITORIAL CLC
Diagonal 61D Bis No. 24-50
Bogotá, D.C., Colombia
www.editorialclc.com - www.clccolombia.com

ISBN: 978-958-8867-76-2

Edición y publicación: Editorial CLC Colombia
Impreso en Colombia — Printed in Colombia
Impreso por Editorial Nomos S.A.

Somos miembros de la Red Letraviva: www.letraviva.com

Contenido

Prólogo

Edyah no ha escrito un libro, ella es el libro que Dios ha escrito.

Me refiero que hay libros que los autores escriben con su pluma sobre el papel, pero hay otros que Dios escribe con su dedo sobre el corazón de los autores. Esta obra que tienes en tus manos es del segundo tipo. Es el resultado del dedo de Dios sobre la escritora. He necesitado pocos minutos de lectura para darme cuenta de que Edyah no tuvo que sentarse durante largas horas para pensar que escribiría, porque estas palabras ya estaban escritas en su alma por Dios mismo y solo tuvo que sacarlas hacia fuera para todos nosotros. Cuando navegues por las páginas de este libro, te darás cuenta de que la autora hace algo muy valiente: se deja leer el corazón.

Aunque esto que estoy diciendo sobre Edyah suene tanto poético, en realidad, el que Dios escriba sobre ti, no es nada romántico. Al igual que un bolígrafo deja marcas sobre el papel, cuando Dios escribe con su dedo sobre el corazón de una persona la marca indeleblemente. Y si ser tatuado en la piel duele, ser tatuado en el alma duele mucho más. Yo llamo a esas marcas profundas en nuestro ser las "cicatrices santas".

Edyah cuenta que hace unos años atrás se maquillaba mucho, ya que intentaba proyectar una imagen hacia los demás con el deseo de obtener validación, pero descubrió que ese camino la conducía al vacío absoluto de su identidad. Cuando encontró el camino, dejó de maquillarse. No me refiero a que dejó de colorearse las mejillas y perfilarse los ojos, me refiero a que dejó de esconderse detrás de una imagen artificial y se dejó ver como lo que realmente es: Una mujer con sus luchas internas, pero que fue vencida por el amor divino; una mujer real, con sus imperfecciones y contradicciones, pero que irradia la gracia de Dios.

Edyah ya no maquilla sus cicatrices, lidera a una generación desde ellas. Por eso miles de jóvenes la escuchan, porque en medio de tantas apariencias, ella se deja ver con honestidad. Sus cicatrices son el testimonio de sus heridas superadas y no hay nada que le dé más autoridad para hablar a las heridas de esta generación que mostrarles sus cicatrices santas, que son la evidencia de la obra sanadora de Dios en ella.

Ojalá muchos pudiesen aprender lo que Edyah ha aprendido de Jesús: Que tengas cicatrices no te resta autoridad, aumenta tu influencia haciendo que las personas te enseñen sus propias heridas. Y cuando alguien te muestra su herida, te muestra una puerta abierta hacia las profundidades de su corazón. ¿Y no se trata de eso el verdadero liderazgo? ¿De llegar al corazón de alguien? Aprendamos de Jesús, que lidera a su Iglesia desde Sus cicatrices santas.

- Itiel Arroyo

Dedicatoria

Para Edgar, Yamel y Yahed.

¡Gracias por su amor incondicional
y por siempre creer en mí!

Introducción

Un día desperté, me vi al espejo y me di cuenta de que la persona que estaba en el reflejo no era yo. Era como verme desde la perspectiva de una tercera persona, sin poder reconocer a quién estaba mirando. Habían pasado los años y con el tiempo construí un ser ficticio, tan irreconocible ante mis ojos que no quedaba nada realmente de mí; era como ver a una extraña observándome.

Estaba perdida, sucia y parecía que me había estrellado contra una pared. Después de tantos intentos fallidos por tratar de tomar las riendas de mi vida, estaba cansada y agotada. Pero no me rendí, sino que decidí cambiar y volver a ser quien realmente era, o al menos quien creía ser. Ahí comenzó mi búsqueda de identidad, la cual me llevó a regresar a la fe. En ese proceso de encontrar mi camino, Dios habló a mi corazón y me transformó completamente. Aunque todavía tengo mucho por aprender y entender, he llegado a un punto donde comprendo que no solo yo he pasado por una crisis de identidad, sino que hay una generación completa a mi alrededor buscando su identidad y propósito.

Me gustaría compartir lo que he aprendido, lo que continúo aprendiendo y las cosas que me han ayudado en mi vida durante este proceso de reencontrarme. Quiero ser una voz que lleve luz, y compartir con muchos todas aquellas cosas que hubiera querido que alguien me dijera antes de caer en el punto más bajo de mi vida; aquellas cosas que me hubieran ayudado en mi búsqueda.

Sin importar las malas experiencias, estoy agradecida porque Dios no me abandonó; cada día he visto Su actuar en mí. Él me ayudó a comprender lo que yo no conocía. Creo firmemente que incluso las peores experiencias o "fracasos" de la vida, pueden ser usados por Dios para mostrarles a los Suyos un propósito y bendecirlos. No veo mi pasado como algo perdido y vergonzoso, simplemente fueron situaciones que me hicieron atravesar el fuego para quitarme una gran venda de los ojos. Cada mala experiencia me moldeó de cierta manera y al final obró para bien.

Es fácil dar un consejo cuando nunca has pasado por una situación o un momento difícil, pero en mi caso voy a contarles una experiencia propia. Esto no es una anécdota que alguien me contó o un relato de ficción, es mi propia historia; la historia de una joven igual que tú, que vive en medio de esta sociedad tan confundida y perdida. Cometí errores, tropecé, fallé y me perdí, pero ahí no terminó mi historia, ahí fue donde todo comenzó.

01 | VIRUS LETAL

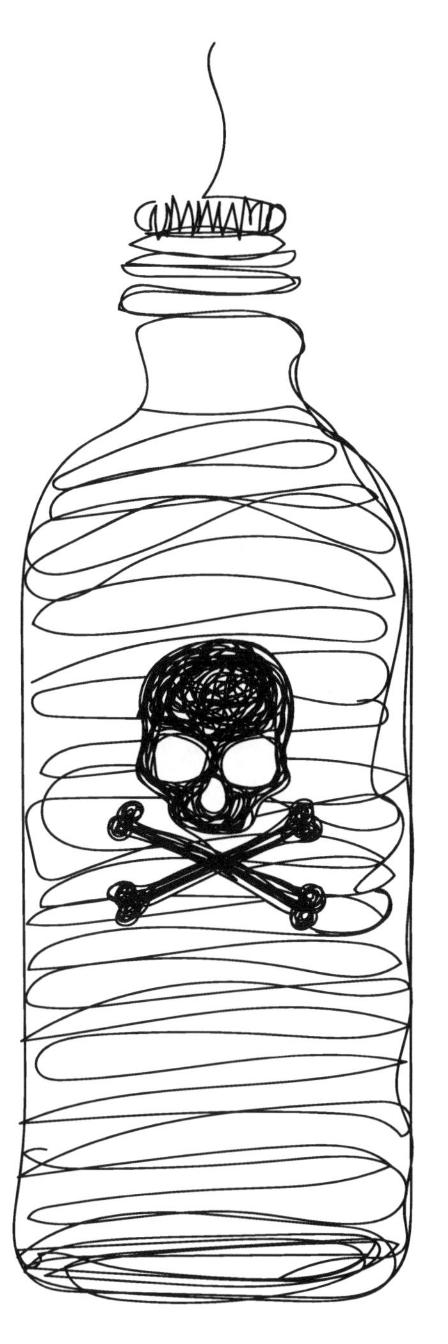

"TÚ, SEÑOR,DISTE FORMA A MIS ENTRAÑAS; ¡TÚ ME FORMASTE EN EL VIENTRE DE MI MADRE! TE ALABO PORQUE TUS OBRAS SON FORMIDABLES, PORQUE TODO LO QUE HACES ES MARAVILLOSO. ¡DE ESTO ESTOY PLENAMENTE CONVENCIDO!"

SALMO 139:13-14 (RVC)

01 | VIRUS LETAL

Desde pequeños comenzamos a recibir información sobre quiénes somos y lo que debemos ser en el futuro. Parece como si, hasta cierto punto, no tuviéramos opción de elegir lo que queremos hacer con nuestras vidas. Se nos dice que debemos ir a la escuela, hacer las tareas, tener amigos, y continuar estudiando hasta que un día consigamos un buen trabajo, nos casemos y seamos felices. Cada día lo vivimos en medio de la monotonía, añorando el momento de vivir una aventura, esperando sentir en nuestra vida la misma emoción que experimentamos al ver una película que juega con nuestras emociones y pone en nosotros el deseo de sentirnos realizados al lograr aquello para lo cual nacimos.

Sin importar en dónde crezcamos, todos tratamos de entender la vida y el porqué y el para qué de nuestra existencia. Conforme va pasando el tiempo, vamos formando la que creemos es nuestra identidad. También empiezan a manifestarse ciertos gustos y cosas que nos llaman la atención, y surgen esas pasiones que se convierten en sueños y anhelos.

Cuando estaba en la primaria, tenía dos mejores amigas con las que siempre compartía. Un día después de clases fuimos a casa de una de ellas y estábamos hablando en la cocina mientras preparábamos algo para comer. Ella, la dueña de la casa, no era de una familia muy apegada a la fe; mi otra amiga y yo sí lo éramos, razón por la que le hablábamos mucho de Dios, tratando de persuadirla a creer en Él e ir a la iglesia. Ese día, aunque no recuerdo completamente nuestra conversación, sí recuerdo haberle dicho "Dios tiene un propósito para cada vida". Ella de inmediato me miró a los ojos y me preguntó: "¿Cuál es tu propósito?". Obviamente yo no tenía una respuesta en ese momento. Este tipo de preguntas son bastantes difíciles de contestar, especialmente para un niño o un adolescente. Cuando no hay un fundamento claro para resolver estas dudas a una temprana edad, crecemos con un vacío y le damos riendas a las circunstancias que nos rodean para tratar de encontrar una respuesta.

Uno de los mayores inconvenientes en todo esto es que crecemos con la idea de descubrir quiénes somos, basados en los estándares que nos ha dado la sociedad. La Real Academia Española define sociedad como una "agrupación natural o pactada de personas, organizada para cooperar en la consecución de determinados fines". En otras palabras, una sociedad se basa en los estándares y normas que hemos creado para vivir. Durante mucho tiempo, la sociedad nos ha dicho las cosas que son aceptables y las que no; nos ha dado estándares de belleza, éxito y perfección. Incluso, ha llegado a manipular y malinterpretar lo que significa vivir conforme a la voluntad del Señor, y ha querido encasillar a Dios en la religiosidad, tratando de alejar al hombre del Creador para invitarnos a "descubrir" la vida tal como si no hubiera alguien superior a nosotros, que nos puso en este lugar. La sociedad ha sido un juguete que el enemigo de nuestras almas ha utilizado para confundirnos y distraernos de la voluntad de Dios.

Es necesario entender que al igual que la moda, la política y los conflictos en el mundo, la sociedad va cambiando y adaptándose; está en constante movimiento pero no tiene estabilidad porque es dependiente de los seres humanos que la conforman. Bajo esos términos jamás entenderemos nuestra identidad. La sociedad es algo creado por el hombre pero no es lo que creó al hombre. Entonces ¿por qué le damos la responsabilidad de decirnos quiénes somos?

Todo esto es un virus que nos ha infectado por generaciones, especialmente a muchos jóvenes que tienen pensamientos suicidas y están llenos de frustración, enojo, heridas y confusión; ellos viven con máscaras y algunas veces ni se dan cuenta. Aunque existen personas que piensan que éste no es un problema en sus vidas, lo cierto es que sí lo es. Un claro ejemplo de esta verdad son las celebridades. Ellos aparentemente lo tienen todo: fama, dinero, amor y amigos; además, viven bajo sus propias normas de felicidad y propósito. Sin embargo, terminan quitándose la vida o toman un camino que al final los destruye. Ahora bien, aunque el virus que ha infectado nuestra sociedad puede ser letal, existe una solución: el Señor Jesús.

El Plan Original

Para entender este tema a profundidad, es necesario regresar al comienzo de la historia. Dios (Yahveh) creó el universo; con Su voz creó todo lo que existe: las aves en el cielo, las bestias de la tierra, las criaturas marinas, las flores, los árboles, las frutas, las estrellas y los seres humanos; absolutamente todo fue hecho por Él. Siendo el Creador, tuvo un propósito específico en cada cosa que hizo. En el libro de Génesis podemos ver que todo fue creado en orden, por una razón determinada, y de una manera perfecta; todo era bueno en gran manera (Génesis 1:31).

Dios puso a Adán y Eva (los primeros seres humanos) en el jardín del Edén, y dentro de Su plan estaba darles una identidad. ¡Ellos fueron creados a la imagen y semejanza de Dios! Se les dio autoridad sobre el resto de la creación y tenían una relación directa e íntima con su Creador. El diseño original era perfecto, no existía ninguno de los males que conocemos el día de hoy. Era, literalmente, el paraíso.

Sin embargo, un día llegó Satanás en forma de serpiente y empezó a cuestionar lo que Dios les había dicho, poniendo duda en sus mentes acerca de la veracidad de las palabras del Señor. Infortunadamente, ellos se dejaron engañar y desobedecieron la única regla que Dios les había dado: no comer del árbol del conocimiento del bien y del mal. La serpiente los tentó para que ellos se opusieran a la identidad que Dios les había dado, y al caer hicieron algo que marcaría el resto de la historia. En resumen, su desobediencia le dio entrada al pecado y la creación original que Dios había hecho fue modificada.

Desde entonces, las consecuencias han sido incontables y éstas le han dado forma al mundo que tenemos en la actualidad, un lugar lleno de confusión, odio y dolor.

Es muy importante que entendamos el plan original de Dios porque esto nos permite ver la vida desde otra perspectiva, y nos ayuda a comprender que aquello que el mundo nos presenta hoy no debe ser nuestra realidad. Si desconocemos que existe un plan mayor y mejor, nunca descubriremos nuestra identidad; y cuando no sabemos quiénes somos ni cuál es el propósito de nuestra vida, caminamos en la dirección equivocada.

Quisiera usar un ejemplo para ilustrar este punto. La historia del patito feo es un cuento que narra la vida de un cisne cuyo huevo, por alguna razón, llegó al nido de una pata que vivía en una granja y estaba incubando sus huevos. Al nacer, resultó ser un patito muy feo; desproporcionado con respecto a sus hermanos, con un graznido fuerte y molesto. No se parecía físicamente a estos, pero era capaz de lanzarse al agua, sostenerse y nadar. Mamá pata los lleva a la granja, y los animales se ríen de él y lo reciben a picotazos, empujones e incluso sus hermanos le maltratan también. Un día el patito salta la cerca y huye. Después de varias peripecias, una tarde de otoño divisa una bandada de grandes y hermosas aves blancas que levantan vuelo. Se queda impresionado e inquieto, se siente deseoso de ser como esas magníficas aves. Al llegar el crudo invierno el pobre "patito feo" casi muere congelado. Un campesino lo rescata pero huye de allí y pasa el resto del invierno en el pantano, con dificultad entre los juncos. Cuando llega la primavera, vuela hasta un lugar donde una bandada de cisnes

aparece. Se acerca a ellos, temiendo que lo maten a picotazos. Pero éstos nadan a su alrededor y lo acarician con sus picos. De pronto ve su imagen reflejada en el agua y se da cuenta que él es un cisne como ellos. Recuerda sus penalidades pasadas, pero ahora se siente feliz al reconocer su verdadera identidad.

Aunque es solo un cuento infantil, nos sirve como ejemplo para recordar la importancia de la identidad, y la manera en que todo cambia al momento de conocerla. Ésta no solo afecta cómo nos vemos a nosotros mismos, sino la manera en que vivimos y, en consecuencia, el rumbo de nuestra vida.

Una Guerra Espiritual

Sí *Vs.* no; bien *Vs.* mal; superhéroes *Vs.* villanos. Siempre hay dos extremos para todas las cosas. En el mundo espiritual también ocurre lo mismo. Por un lado, existe Dios, el Creador bueno y misericordioso, pero también existe el diablo, quien busca nuestra destrucción. Efesios 6:12 dice: *"La batalla que libramos no es contra gente de carne y hueso, sino contra principados y potestades, contra los que gobiernan las tinieblas de este mundo, ¡contra huestes espirituales de maldad en las regiones celestes!"*. Cuando hablamos de un mundo espiritual en batalla, no nos referimos a hechizos o espíritus que te jalan los pies en la noche. 2 Corintios 11:14 dice: *"Y esto no debe sorprendernos, porque hasta Satanás mismo se disfraza de ángel de luz"*. El enemigo es muy sutil al momento de atacarnos, al punto que nosotros muchas veces no nos percatamos de lo que Él está haciendo. Sus estrategias incluyen ataques contra nuestras emociones, pensamientos y sentimientos; incluso, él puede usar situaciones y personas a nuestro alrededor (todo aquello que a simple vista parece común y ordinario) para tratar de destruirnos.

Dentro de esta lucha espiritual, experimentaremos batallas en nuestra carne que son el reflejo de lo que ocurre a nuestro alrededor. Muchas veces no estamos conscientes del mundo espiritual porque no podemos verlo, y eso nos lleva a perder una batalla que no sabemos que estamos luchando. El enemigo usa diferentes tipos de ataque contra los creyentes, y uno de sus favoritos es poner a prueba nuestro conocimiento sobre Dios y, por ende, hacernos dudar sobre lo que Él dice de nuestro valor e identidad.

Desde la caída en el Edén hasta la actualidad, existe una batalla entre el bien y el mal, entre los propósitos de Dios y los ataques del enemigo. Satanás continúa esforzándose por engañarnos y por hacernos dudar de la identidad que Dios nos ha dado. Él quiere cegarnos para que vivamos una mentira y no creamos lo que Dios nos dice; su deseo es que seamos condenamos. En Juan 10:10 podemos ver el propósito del diablo: *"El ladrón no viene sino para hurtar, matar y destruir..."*. Él quiere robarnos las promesas de Dios, matar nuestro propósito y destruir nuestro futuro. En contraste, el versículo concluye diciéndonos una parte del propósito del Señor Jesús al venir a la Tierra: *"... yo he venido para que tengan vida, y para que la tengan en abundancia"*.

Hijos de Dios

Tal vez al leer sobre guerra espiritual te preguntes, ¿cómo puedo ganar esa batalla? O al escuchar sobre identidad, propósito y promesas pienses, ¿cómo puedo obtener eso? La respuesta es sencilla pero también profunda. Todo vuelve siempre a la persona de Jesús.

Dios es un solo Ser pero cohabita en tres divinas Personas: Dios Padre, Dios Hijo y Dios Espíritu Santo. Dios Padre nunca ha salido del ámbito espiritual; Dios Hijo, Jesús, es Dios en forma humana (que caminó, actuó y obró en la tierra); y Dios Espíritu Santo es Aquel que obra en los creyentes para darles nueva vida. Yo sé que esto es muy diferente a lo que nosotros conocemos en este mundo, pero es aquí donde entra la fe que Dios pone en nuestro corazón; una fe que no siempre tiene que entender todo.

Desde el inicio de la creación vemos que Dios fue cercano al hombre y había comunión entre ellos. Pero cuando el pecado entró debido a la desobediencia de Adán y Eva, el vínculo se rompió. Sin embargo, incluso después del distanciamiento, Dios prometió un Salvador (Génesis 3:15) que vendría para rescatarnos y reconciliarnos con Él.

Con referencia al pecado, la Biblia dice en Romanos 6:23: *"Porque la paga del pecado es muerte, pero la dádiva de Dios es vida eterna en Cristo Jesús, nuestro Señor"*. El pecado nos lleva a la muerte, nos aleja de Dios y llena el mundo de dolor y confusión. Pero el Señor en Su infinito amor, sabiendo que era imposible para nosotros mantenernos sin mancha después de la caída, envió a Su Hijo Jesús a tomar la paga del pecado y otorgar salvación (Juan 3:16). Nosotros debemos responder a lo que Él hizo en arrepentimiento por nuestros pecados y fe.

En el momento que confesamos nuestro pecado, creemos que Jesús es el Señor (el Salvador que murió y resucitó por nosotros) y nos arrepentimos, entonces somos salvos (Romanos 10:9-10). Ser salvo no significa que ahora la vida será perfecta o que nunca volveremos a pecar, significa que cuando Dios nos ve, Él no ve nuestro pasado ni nuestro pecado, Él ve la sangre del sacrificio de Jesús. Ser salvo también significa que somos adoptados por Dios como Sus hijos. Romanos 8:17 dice: *"Y si somos hijos, también herederos; herederos de Dios y coherederos con Cristo, si es que padecemos juntamente con él, para que juntamente con él seamos glorificados"*. Además de ser adoptados, cuando recibimos la salvación de Dios somos hechos coherederos de Él juntamente con Cristo, ¿no es eso maravilloso? Ahora tenemos la libertad de conocer a nuestro Creador de una manera única y personal; podemos hablar directamente con Él.

¡Comprender esto es algo que revoluciona nuestras vidas! Ahí es donde comienza un proceso de transformación que nos ayuda a regresar al diseño original, ahí es donde las vendas se empiezan a caer y nuestros ojos se abren poco a poco a la verdad de Dios.

Vuelve a tu Creador

Mi oración y mi deseo con este libro es que vuelvas a tu Creador. No estoy hablando solamente de volver a la iglesia, me refiero a volver al Señor para tener comunión con Él. Muchos pueden llamarse cristianos, pero no todos son hijos de Dios, y eso es lo que marca la diferencia.

Hace un tiempo, mi papá me contó la historia de un hombre muy pobre que gastó la mayoría de su dinero en un boleto para viajar en barco. Sabiendo que no tenía muchos recursos, él decidió comprar latas de atún para comer en el viaje y no tener que gastar más dinero. Cada día las personas se arreglaban, juntaban a su familia y se reunían en el comedor a la hora de la cena, pero el hombre pobre veía por la ventana de su cuarto cómo todos gozaban comiendo, e incluso observaba la manera en que el capitán conversaba con las personas mesa por mesa para presentarse. Él tristemente comía atún en su habitación pensando en todo lo que se perdía.

Cuando llegó el final del viaje, el hombre pobre iba bajando del barco y se cruzó con el capitán; éste se sorprendió al verlo porque nunca lo había visto en el comedor (lugar en el que saludaba a todos), así que le preguntó si había viajado con ellos en el barco. Cuando el hombre le dijo que sí, el confundido capitán le preguntó la razón por la que no había ido al comedor. El hombre avergonzado confesó que debido a su pobreza no tenía dinero para comer, y por eso se iba a su cuarto a comer atún enlatado. Al escuchar esto, el capitán se entristeció y le dijo que todo venía incluido con el boleto para entrar al barco, así que no había necesidad de perderse la abundancia de comida que se ofreció.

Esa es una de las razones por las que tengo el deseo de contarte mi historia. No me gustaría que llegaras al final de tu vida y te dieras cuenta que hubo propósitos que nunca cumpliste y promesas del Señor que no disfrutaste. No hay nada peor que perder bendiciones que no sabíamos que Dios nos había dado solo por el hecho de no preguntar. Es triste ver a tantas personas viviendo bajo ansiedad, adicción y depresión, encadenados a cosas de las que Jesús puede liberarlos. Debemos recordar siempre que hay un propósito específico para nuestras vidas el cual debemos alcanzar, pero éste solo se encuentra en Dios.

Al igual que la mayoría de las personas, yo estaba familiarizada con el concepto de Dios en términos religiosos, pero solo hasta el momento en que realmente creí en Él y entendí Su salvación, cambiando mis caminos, logré vivir en victoria como nunca antes lo había hecho. El proceso fue largo, y para ser honesta éste continuará hasta que Jesús regrese por su Iglesia, pero ahora vivo en la seguridad de Cristo y con una identidad y propósito claros. También puede haber una historia de victoria y salvación para tu vida, sin importar tu pasado o tu situación actual.

02 | LA GOTA QUE DERRAMÓ EL VASO

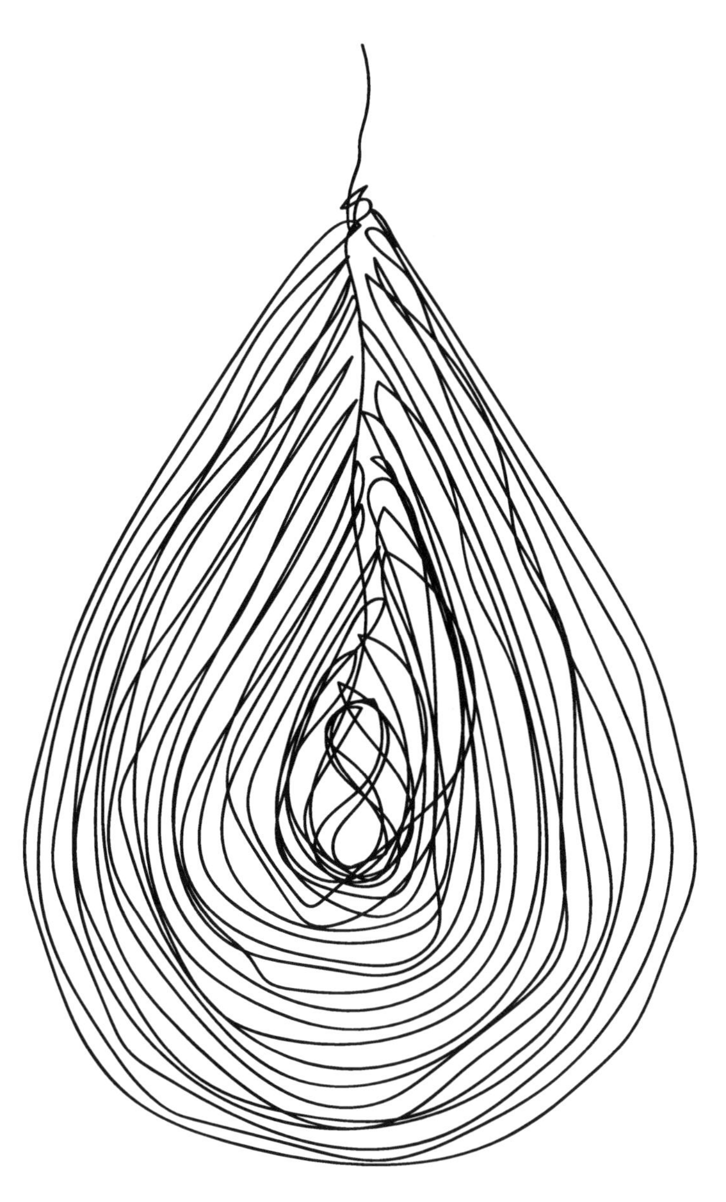

"SI MI PUEBLO, SOBRE EL CUAL SE INVOCA
MI NOMBRE, SE HUMILLA Y ORA, Y BUSCA MI
ROSTRO, Y SE APARTA DE SUS MALOS CAMINOS,
YO LO ESCUCHARÉ DESDE LOS CIELOS,
PERDONARÉ SUS PECADOS Y SANARÉ SU TIERRA"

2 CRÓNICAS 7:14

02 | LA GOTA QUE DERRAMÓ EL VASO

Como lo mencioné en el capítulo anterior, todos crecemos con la idea, promovida por la sociedad, de ser lo que queramos ser; eso es algo que escuchamos todo el tiempo. Ahora bien, aunque esta forma de pensamiento busca que nos olvidemos de Dios y nos centremos en nosotros mismos, no podemos negar que tenemos la responsabilidad de escribir nuestra propia historia. Al fin y al cabo, hay decisiones que debemos tomar; nada cae del cielo y es necesario esforzarse. Sin embargo, ¿no crees que es más difícil descubrir tu identidad por ti mismo?

Un ejemplo que me encanta usar para ilustrar esto es el de los teléfonos celulares. Podemos ir a una tienda y comprar el mejor teléfono disponible, con la tecnología más avanzada y lleno de herramientas útiles para ayudarnos en el día a día. Al comprarlo, el potencial del dispositivo ya está a nuestra disposición, pero ahora debemos descubrir todo lo que puede hacer. Nosotros no diseñamos ni creamos el teléfono, de manera que no conocemos toda la información que deberíamos acerca de él. Con base en nuestra experiencia previa con otros celulares, es posible que sepamos cómo utilizarlo, pero nunca conoceremos su potencial completo hasta que leamos el manual que el creador del teléfono escribió para dar las instrucciones clave en cuanto a su uso. Por más que queramos darle la mejor utilidad al dispositivo, solo aquel que diseñó el aparato sabe todo lo que éste puede hacer.

Para que entiendas mi punto, imagina que tú eres el teléfono y Dios es el creador del celular. Si nosotros tratamos de descubrir lo que podemos hacer (nuestro propósito) por nuestros propios medios, sin la dirección del Creador, creamos una identidad falsa que después tomaremos como una realidad; todo esto al final nos dejará queriendo algo más que no podemos lograr por nosotros mismos.

Cuando era niña soñaba con lo que quería ser y hacer cuando creciera. Me inspiraba ver películas de jóvenes que lograban sus sueños, y vivía con la expectativa de lograr algo grande en el futuro. Pasaba horas escribiendo en cuadernos todas las cosas que quería hacer cuando creciera; cosas como irme de compras a Nueva York recorriendo la ciudad en una limosina, escribir un libro, grabar una película y ser una gran cantante.

A medida que el tiempo fue pasando, cada vez era más evidente que aquello que hacía que mi corazón se acelerara estaba relacionado con el medio artístico. No me avergüenza confesar que anhelaba quedarme sola en la casa para poner música a todo volumen y pretender que mi sala era un escenario; incluso practicaba en mi espejo el discurso que daría al ganar un gran premio. Realmente me es difícil poner en palabras la emoción que sentía en el estómago al pensar que algún día podría lograr algo extraordinario. Eso cautivaba mi pensamiento y mis oraciones antes de dormir; era el anhelo más grande de mi corazón. Incluso, temía que el fin del mundo llegara antes de que yo pudiera hacer algo significativo en esta tierra.

Esa fantasía de una pequeña niña se fue convirtiendo en la meta de una adolescente, pero el problema es que mis motivaciones habían cambiado. Aunque mi pasión por el arte era real y evidente, esa no era la razón por la que quería alcanzar mis sueños. Comencé a comparar mi vida, mi físico y mi talento con el de los demás. Cuanto más crecía, más consciente era de los estándares de belleza que en mi percepción no cumplía, y sin darme cuenta comencé a menospreciarme creyendo que tenía que ser, y verme, como alguien más. Pensaba que lo que yo era como persona no era suficiente para lograr el éxito y la felicidad. En consecuencia, con el paso del tiempo comenzó a crecer una raíz de rechazo en mi interior, la cual daba frutos amargos como la inseguridad, la ansiedad y la timidez.

Crecí en un hogar cristiano y asistíamos a la iglesia todos los viernes y domingos. También asistía a un colegio cristiano; la primera clase del día era acerca de Biblia, así que había escuchado sobre Dios desde los 4 años de edad. Aunque me sabía versículos y canciones, realmente no recuerdo que me hubieran enseñado que Dios tenía un propósito específico para mi vida o que Él me quería usar para Su reino. Sin embargo, por muchos años sentí la necesidad de entregarle mis sueños al Señor y había una lucha constante en mis emociones al querer buscarlo y vivir para Él, a pesar de que no quería desprenderme de la música y de todos los sueños en los cuales había puesto mi valor. Después de mucho tiempo albergando sentimientos encontrados en mi corazón, a los quince años decidí seguir mis sueños con todo lo que tenía. En ese momento comencé a subir videos a YouTube cantando, además de aprovechar cada audición que encontraba en el camino.

Crecí con un concepto erróneo de la vida tratando de escribir mi historia como si supiera qué estaba haciendo, cuando ni siquiera tenía idea de quién era yo. Estaba viviendo para tratar de agradar a las personas, y la raíz de ese problema estaba en mi falta de aceptación y amor propio. Esa fue mi mentalidad durante la mayor parte de mis años de crecimiento; por lo tanto, cuando cumplí diecinueve me encontré en la peor crisis de identidad que jamás experimenté; esa fue la gota que derramó el vaso. Todo iba cuesta abajo y nada estaba saliendo de la manera en que yo esperaba.

Golpe Bajo

¿Alguna vez te has sentido tan frustrado que no puedes ver la salida? ¿Te has sentido tan avergonzado y arrepentido que no sabes cómo salir adelante? Así me sentía yo en ese momento de mi vida; todo iba de mal en peor. Me sentía como el hijo pródigo que después de haber tenido todo, ahora deseaba comer las algarrobas con las que alimentaban a los cerdos (Lucas 15:11-32). Al final solo podía preguntarme, ¿cómo llegué hasta aquí?

Había invertido mucho tiempo y esfuerzo en lograr algo que creí satisfactorio, pero para mi sorpresa yo estaba vacía. Sin darme cuenta, me había alejado de Dios, al igual que de todo aquello que creía y sostenía como verdad. Fui recogiendo máscaras en el camino y comencé a usarlas; éstas con el tiempo penetraron tan profundamente en mi interior que fue muy difícil desprenderme de ellas. Entré en pánico porque al volver atrás y ver mi recorrido, me di cuenta de que había hecho todo mal; me había convertido en la persona que prometí nunca ser. Pequé contra Dios y me decepcioné a mí misma en todos los aspectos.

No sé si alguna vez has entrado a esos túneles donde hay un puente que está firme y sin movimiento, y luego apagan la luz y prenden unos reflectores en las paredes que muchas veces hacen tambalear a las personas. Aunque el piso sigue firme, por alguna razón no puedes caminar derecho; todo se siente como si se estuviera cayendo y empiezas a ir de un lado al otro. Lo mismo ocurría en ese momento de mi vida; aparentemente todo estaba bien pero dentro de mí me sentía como si estuviera dentro de ese túnel, sin estabilidad ni control.

En enero del 2015 salí de una relación "sentimental", ese fue el último golpe que me hizo reaccionar y cuestionar lo que estaba haciendo con mi vida. Fui de vacaciones a visitar a mi novio, y cuando regresé a casa recibí un mensaje en el que me decía que la relación había terminado. Sentí un balde de agua helada caer sobre mi cabeza. Por un lado quería reclamarle, para solucionar las cosas, pero por otro me cuestionaba al pensar por qué estaba tan aferrada a que la relación funcionara. Él no me amaba, no me respetaba, no me valoraba y definitivamente no me hacía feliz. Estaba en un pésimo patrón amoroso; todo era como una bola de nieve que crecía y empeoraba con el tiempo. Una y otra vez permitía que la opinión de las personas me devaluara, y lo peor de todo es que yo lo aceptaba, lo creía y permitía que me definiera.

Aunque crecí en una familia que me daba todo el amor del mundo, era una persona insegura, con falta de identidad y tenía un inmenso miedo de ser rechazada. Eso me llevaba a desear desesperadamente la aprobación de todos, especialmente de aquellos que me menospreciaban.

No sabía cómo amarme ni valorarme, y eso me llevaba a sentirme como un tapete pisado que buscaba con desespero ser reconocido. Con el tiempo, y sin darme cuenta, desarrollé ansiedades y miedos que me definieron y afectaron mis acciones. El temor y la inseguridad se habían convertido en los motores de mi vida; todo era impulsado y direccionado por ellos.

Cuando me percaté de lo que estaba ocurriendo, intenté mejorar, salir adelante y sentirme completa y feliz, pero yo no sabía cómo arreglar todo lo que estaba pasando en mi interior, no sabía qué hacer o cuál era el siguiente paso. Mi reflejo en el espejo gritaba: "¡decepción!". No había forma de solucionar ese gran problema. Me llené de frustración y me sentía atrapada dentro de mi propio mundo.

El Acto Más Grande

Caí en cuenta del desastre que había hecho y lo descarrilada que estaba. Mis decisiones no reflejaban en lo absoluto lo que creía, pensaba o quería. De alguna manera me había perdido en el camino y no sabía cómo regresar o corregir el resultado. Sin embargo, estaba dispuesta a cambiar el rumbo de mi vida; comprendí que en el horizonte había algo mejor.

Algo que me caracteriza es mi persistencia; no me gusta darme por vencida y siempre busco una alternativa para superar cada obstáculo. Sabía que el cambio que tanto anhelaba dependía de las decisiones que iba a tomar a partir de ese momento.

Por la providencia de Dios, a finales del 2014 mis papás, mi hermano y yo nos mudamos a una pequeña ciudad en Texas llamada Midland. Allí, en enero del 2015 sucedió una ruptura en mi vida que marcó el comienzo de mi jornada. Ese lugar nuevo, donde no conocía a nadie, era justo donde yo debía estar en ese momento. Poco a poco comencé a regresar a hábitos que antes eran familiares para mí, especialmente en el área espiritual. Después de haber estado tan alejada de Dios y de la iglesia, empecé a asistir a una congregación cada domingo, e incluso comencé a ir al grupo de jóvenes. Ahí conocí a una de mis mejores amigas, Audrey, quien fue una influencia fundamental para acercarme con seguridad a Dios, sin importar qué tan indigna me sentía.

Aunque poco a poco estaba regresando a mis viejas y buenas costumbres, todo se sentía como una actuación; parecía más una interpretación de un personaje que algo real. Ni aun haciendo las cosas de antes, o incluso siendo la persona de antes, me sentía bien. Esa "vieja yo" estaba en una burbuja de inseguridad y duda, y tenía muchas limitaciones por el miedo al fracaso y a la opinión de los demás. Vivía en un estado de fragilidad extrema, un estado en donde el primer golpe me desmoronaba.

Quería escapar de todas esas cosas, quería cambiar y salir adelante para no quedarme estancada en lo mismo, pero todo parecía una actuación porque la persona que era antes tampoco reflejaba quién era en el presente o quién quería ser en el futuro. La mujer que fui hace años ya no existía; era imposible que yo fuera la misma. No me gustaba quién era en ese momento, pero tampoco me sentía como la persona que fui, entonces ¿quién era y qué sería de mi vida? Nada de lo que veía dentro de mí se sentía verdadero.

Sin importar los cambios que hacía, el vacío en mi interior seguía presente. Lo único que había logrado era volver a mi antigua zona de confort, la cual ahora no me hacía sentir cómoda. Todo lo contrario, me sentía como una extraña en mi propio cuerpo; como si estuviera parada en un desierto donde no había dirección o un lugar de descanso. Estaba frustrada porque no sabía cómo sanar mis heridas y borrar mis errores; no sabía cómo sentirme completa. Me sentía desesperada y asfixiada en mi mundo. Nada tenía sentido.

Como ya había empezado a hacer cambios en mis decisiones y acciones, parecía como si todo estuviera mejorando, pero mis errores y pecados me seguían como una sombra a donde quiera que iba. Podía engañar a los demás pero no a mí misma. Mi memoria y mi pasado me atormentaban; aparecían en todo momento y lugar. Las heridas de mi corazón solo tenían una pequeña curita, un arreglo superficial y temporal, pero lloraban en cada palpitar.

Empecé a sonreír de forma automática, pero mis emociones estaban apagadas. Llegué a un punto donde ya no me sentía ni feliz ni triste, estaba en neutral; vivía solo por vivir. Estaba gritando a los cuatro vientos, buscando ayuda desesperadamente, pero todo en silencio; y como por fuera parecía una muñeca sonriente, nadie escuchaba mi clamor, o al menos eso parecía porque lo cierto es que sí había alguien que estaba escuchando.

Eco

Aunque sabía que era necesario cambiar muchas cosas en mi vida, mi mirada seguía firme en lograr la fama y el "éxito". Desde pequeña fui muy clara respecto a lo que quería hacer; siempre estaba hablando de mis metas, pasaba mi tiempo cantando, y toda la gente a mi alrededor sabía que mis sueños se enfocaban en el medio artístico. Como pensaba que el éxito me definía, no tenía un plan b.

Durante ese proceso de buscar cambios en mi vida, había regresado a la iglesia porque necesitaba de Dios. Aunque no estaba entregada y no era muy cercana a Él, yo sabía que era real. Ya había experimentado el gozo y la paz sobrenatural que Él brinda, y mi fe era lo único bueno que me quedaba. Sin embargo, lo cierto es que buscaba a Dios de una manera superficial y distante. Mis oraciones se centraban en mis sueños y mis anhelos. Mi interés no era conocer al Señor; jamás cruzó por mi mente hacerlo parte de mi vida. Para mí la religión era una cosa, y los objetivos de mi vida eran otra.

Mi mundo tenía un fundamento falso y mis creencias estaban influenciadas por todo menos por la verdad. Aunque sentía un vacío que me frustraba, no sabía cómo salirme de ese círculo vicioso en el cual había estado por mucho tiempo. De cierta forma me estaba aferrando a mi sueño con uñas y dientes por miedo al fracaso. Quería llenar el vacío que sentía con éxito, admiración y aprobación. Ser consciente de forma constante de aquello que no era y de las cosas que me faltaban, hacían que el vacío dentro de mí se hiciera más evidente. El eco de mi soledad comenzaba a escucharse.

¿Quién Soy y a Dónde Voy?

En medio del caos que estaba experimentado (sintiéndome triste y abandonada), yo no estaba sola; Dios estaba ahí, escuchándome, aunque yo no me daba cuenta. Hoy puedo ver y entender que Él estabaesperando elmomento perfecto para abrir mis ojos. Es posible que yo necesitara estar en el punto más bajo de mi vida para poder escuchar y obedecer al Señor por primera vez, entendiendo finalmente lo que ignoré durante mucho tiempo.

En la primavera del 2015, mis papás me recomendaron que viera la película "Dios no está muerto". Yo no quería verla porque pensé que sería un filme histórico de mil años atrás, súper aburrido y con mala producción. Después de algunos días, durante un fin de semana en el que no tenía mucho que hacer, me puse a buscar una película en Netflix y la encontré ahí. Decidí verla sin tener muchas expectativas; cuando terminó, yo estaba de rodillas, llorando y poniendo mi confianza en Él por primera vez. Aunque había hecho la "oración de fe" cientos de veces en la escuela dominical, por primera vez estaba realmente consciente de lo que estaba diciendo, creyendo con todo mi ser cada palabra que salía de mi boca. Reconocí y entendí que no había creído en verdad que

Jesús era mi Salvador; mi vida no reflejaba mis creencias en Él. Yo decía que lo seguía pero realmente vivía para mí, buscando siempre mis propios deseos.

Cuando Dios abrió mis ojos a esta verdad, pensé que ahora Él formaría parte de mis sueños. Seguía sin entender que rendir mi vida a Dios también incluía mis más profundos anhelos, y en mi ignorancia deseaba continuar el mismo rumbo, pero ahora con el Señor a mi lado, tal como si Él fuera un "amuleto de la suerte". Quería lo mejor de los dos mundos; quería a Dios pero también quería el "éxito". No quería soltar ni lo uno ni lo otro. Con una mano estaba tratando de sostener mis sueños, y con la otra estaba buscando la mano y la dirección de Dios.

No sabía que Jesús podía sanar mi corazón y llenarme de tal forma que nunca más me volvería a sentir vacía. Pero en ese momento, aunque había puesto mi confianza en el Señor con toda mi alma, lo cierto es que no conocía las verdades y promesas que Él brinda a Sus hijos. Sin embargo, Dios es tan bueno que me enseñó el camino de regreso a Él.

Durante ese tiempo en el que comencé una relación con Dios para conocerlo más, Él fue muy paciente conmigo en medio de mi necedad. Yo le había confesado como mi Salvador, pero no sabía lo que estaba por suceder en mi vida después de hacer dicha confesión. Fue ahí cuando Él comenzó a transformarme por completo.

03 | UN PASO A LA VEZ

"DE MODO QUE SI ALGUNO ESTÁ EN CRISTO, YA ES UNA NUEVA CREACIÓN; ATRÁS HA QUEDADO LO VIEJO: ¡AHORA YA TODO ES NUEVO!"

2 CORINTIOS 5:17

03 | UN PASO A LA VEZ

La Biblia no es un libro que nos habla únicamente acerca del Señor (aunque ese es su propósito principal), también es un manual de vida para nosotros. Contiene cientos de historias de personas tan normales como tú y yo; personas que pasaron por situaciones similares a las nuestras y experimentaron procesos parecidos, los cuales nos sirven como referencia para salir adelante.

Vivimos buscando resultados de la noche a la mañana. No nos gusta esperar ni tampoco esforzarnos, pero todo toma tiempo, especialmente lo que vale la pena. Una y otra vez escuchamos que es posible cambiar una situación difícil en tres simples pasos. Estamos en la cultura de las soluciones instantáneas; pastillas para adelgazar sin necesidad de comer de forma saludable y aparatos automáticos que hacen ejercicio por nosotros, son solo algunos de los ejemplos que vemos cada día. Todos en algún momento caemos en este tipo de mentiras porque queremos ver resultados rápidamente, pero las cosas rápidas no siempre son efectivas. Es necesario entender que la obra de arte que Dios quiere y puede hacer en nuestras vidas toma tiempo en florecer.

Cada persona que Dios salva experimenta un cambio de corazón, carácter y planes; solo de esa forma puede conocer realmente al Señor y seguir Su voluntad. Muchas veces pensamos que hacer una oración de fe con sinceridad es suficiente pero, tal como ocurre en el matrimonio, o en el trabajo o la universidad, decir "sí, acepto" no es el final, sino el comienzo de un proceso que llevara mucho tiempo. En dicho proceso debemos estar dispuestos a que el volante que dirige nuestra vida no esté en nuestras manos, sino en las de Dios.

Algo que tenemos que comprender sobre el Señor, es que Sus planes y Sus tiempos son perfectos pero no siempre los podemos entender (si somos sinceros esa verdad puede llevarnos en algunos casos a la desesperación y a la frustración). Hubo momentos donde parte de mí quería que Dios me guiará en lo que tenía que hacer, pero también cuestionaba Sus tiempos y las circunstancias en las que yo me encontraba. Era la típica alumna inexperta que creía saber más que el maestro.

Con el paso del tiempo, aprendí que los planes de Dios son tan altos, buenos y perfectos que jamás podría entenderlos completamente. Créeme, aunque todos pensamos que lo que queremos es lo mejor para nuestras vidas, nuestros planes nunca se podrán comparar con los de Dios.

En los momentos en que desees tomar el control de tu vida o cuando no entiendas lo que está ocurriendo a tu alrededor, recuerda dos cosas:

01 Los planes de Dios son perfectos.

02 Él nunca llega tarde.

Para entender mejor esta verdad, te comparto dos pasajes que me han ayudado durante los momentos en que me he sentido frustrada:

Isaías 55:8-9: *"El Señor ha dicho: Mis pensamientos no son los pensamientos de ustedes, ni son sus caminos mis caminos. Así como los cielos son más altos que la tierra, también mis caminos y mis pensamientos son más altos que los caminos y pensamientos de ustedes".*

2 Pedro 3:9: *"El Señor no se tarda para cumplir su promesa, como algunos piensan, sino que nos tiene paciencia y no quiere que ninguno se pierda, sino que todos se vuelvan a él".*

Dios es Dios; Él es Todopoderoso, está presente en todo lugar, posee un conocimiento ilimitado y es el Creador que hizo todo lo que existe de la nada. Nosotros, como seres humanos, somos parte de Su creación y nuestro conocimiento nunca se podrá igualar al de Él. En el momento en que creemos y aceptamos eso, vamos soltando poco a poco las riendas de nuestra vida.

Dando un paso a la vez; esa es la forma en que conoceremos quién es Dios y cuál es nuestra identidad en Él. Cuando confíe en Cristo para salvación, pensé que todo en mi vida se iba a solucionar, pero aunque algunas veces no lo entienda, lo cierto es que Dios tiene un hermoso plan en el que continúo viviendo cada día y en el que continuaré viviendo por la eternidad. Un plan mucho mejor.

Perdón

Si soy sincera, la paciencia no es mi fuerte, y menos en lo referente a mi vida y mi futuro. Soy una persona visionaria y organizada, y me gusta tener un plan para saber los siguientes pasos que voy a tomar; es decir, tener algo concreto sobre lo cual caminar y continuar. Como ya había creído en Cristo, creí que con eso bastaba para dar el siguiente paso, pero yo no había contemplado los tiempos y los planes que Dios tenía para mí.

Conforme fue pasando el tiempo, empecé a orar cada vez más y de una manera diferente a lo acostumbrado. Mantenía conversaciones con Dios que ya no solo consistían en pedirle cosas, si no en conocerle y ser transparente con Él acerca de lo que yo sentía, temía y pensaba. Cuanto más conocía de Dios, y al crecer en la relación de Padre celestial a hija, más me dolía saber que le había fallado. Eso también me ayudó a darme cuenta que Él siempre había estado presente en mi vida, incluso en los momentos en que le rechacé para seguir mi propio camino.

Regularmente en mis oraciones le pedía perdón al Señor por las formas en que le había fallado y por haberme alejado de Él en el pasado. Debo admitir que a pesar de que sentí Su perdón cuando me arrepentí verdaderamente, lo cierto es que yo no lo podía aceptar; seguía cargando con la condenación. Sin embargo, Él en Su misericordia me hizo comprender Su perdón de la manera más clara.

En ese tiempo tenía una aplicación de devocionales diarios en mi teléfono celular. Cada día compartían una imagen con una frase, y la acompañaban con una reflexión y una explicación basada en un versículo. Un día tocaron el tema del perdón y usaron el Salmo 103:12: "*Tan lejos como está el oriente del occidente, alejó de nosotros nuestras rebeliones*". En la explicación decía que Dios no es como nosotros, que decimos perdonar pero les recordamos a las personas constantemente sus errores y fracasos. El Señor nos perdona y le da la espalda a nuestro pasado, brindándonos un perdón verdadero. Esto me hizo entender que Dios me había perdonado, y aunque eso era algo que yo no podía aceptar y comprender con facilidad, cada día leía ese versículo para recordar dicha verdad.

Entender que el Señor me había perdonado no fue el fin de la historia, porque aún debía perdonarme a mí misma y yo no me sentía digna; no tenía la convicción del perdón porque la condenación que sentía era más grande. Había crecido en la iglesia escuchando de Dios, pero aun así le había fallado y me había ido por el camino equivocado tomando malas decisiones. Me culpaba y me sentía decepcionada y frustrada.

A lo largo de la vida nos enseñan que tenemos que pedir perdón a los demás cuando les fallamos, pero pocas veces nos enseñan que también tenemos que aprender a perdonarnos a nosotros mismos. En la actualidad Dios me ha bendecido con una plataforma para hablarles a muchos jóvenes, y me he percatado que algunos de ellos han pasado, y continúan pasando, por ese punto en el que no se pueden perdonar y tampoco se sienten dignos del perdón de Dios. Durante mucho tiempo yo viví atormentada y dándome latigazos por mi pasado; estaba atascada en el mismo lugar sin poder avanzar. Sin embargo, en ese momento y antes de poder continuar, Dios me enseñó Su amor y misericordia.

Levántate y no Peques más

En Julio del 2015, mi familia y yo nos mudamos a San Antonio, Texas (sí, somos una familia muy nómada). Después de unas cuantas semanas, cuando ya comenzábamos a instalarnos, empezamos a buscar una iglesia. No conocíamos a nadie en la ciudad, de manera que ese proceso no fue fácil. Providencialmente, mi tía, la hermana de mi papá, y mis primos vinieron a visitarnos, y ella tenía una amiga que vivía aquí en San Antonio. Después, la amiga de mi tía nos invitó a un evento de su iglesia, *la noche de talentos*. Decidimos ir, y al final los jóvenes se acercaron y me invitaron al grupo que tenían los viernes. Me emocioné mucho porque ahora tendría nuevos amigos, y también porque vimos la oportunidad de establecernos en esa iglesia.

La primera vez que tenía pensado asistir al grupo, hubo un cambio de planes porque fuimos a una conferencia en otra congregación. Desde que había rendido mi vida al Señor no había asistido a ningún congreso, además de la reunión tradicional del domingo en la iglesia, pero realmente quería involucrarme y conocer gente nueva. Era un evento relativamente pequeño, pero en cada sesión iba aprendiendo algo nuevo. Además, ver a jóvenes de mi edad adorando al Señor y entregados a Él, me llamaba mucho la atención.

Durante el congreso, hubo un tiempo de ministración y algunos líderes se pararon al frente e invitaron a pasar adelante a personas que tuvieran alguna petición. Decidí pasar, aunque no tenía una petición específica; simplemente pasé. La esposa del pastor fue quien oró por mí; cuando ella terminó, me agarró de la mano y, con algo de nerviosismo, me dijo: "No sé por qué, pero siento que debo decirte lo mismo que Jesús le dijo a la mujer adúltera: *levántate y no peques más"* (Juan 8:11).

Ella no sabía nada de mí y era la primera vez que nos veíamos, pero Dios la usó para hacerme entender Su misericordia y la nueva oportunidad que me estaba dando; eso me ayudó a comprender que no debía permitir que mi pasado definiera mi futuro. Quiero invitarte de corazón a leer ese pasaje de la Biblia (Juan 8:1-11); será de mucha ayuda si tienes problemas para aceptar el perdón de Dios. Allí podemos ver que las personas pueden señalar nuestro pecado, pero Jesús nos levanta con amor y misericordia, dándonos una nueva oportunidad.

Ese día finalmente pude recibir el perdón de Dios, y Su misericordia inundó mi vida. No he vuelto a sentir condenación desde entonces porque ahora sé y entiendo que Jesús tomó mi lugar en la cruz y me lavó con Su sangre. El perdón de Dios no se trata de lo que nosotros podemos hacer, sino de Su gran amor por Su pueblo.

Otro versículo que me ayudó a entender que había un mejor mañana y una nueva oportunidad para mí, fue 2 Crónicas 7:14: *"Si mi pueblo, sobre el cual se invoca mi nombre, se humilla y ora, y busca mi rostro, y se aparta de sus malos caminos, yo lo escucharé desde los cielos, perdonaré sus pecados y sanaré su tierra".* El Señor nos perdona y nos restaura si nosotros nos arrepentimos, le buscamos y no volvemos atrás a nuestros caminos de pecado.

Dios usó un evento para marcar mi vida y mostrarme que Él quería que estuviera segura de Su amor y Su perdón. No había absolutamente nada en mi pasado que pudiera impedir un futuro junto a Él.

La razón por la que no podía continuar adelante era por el peso que estaba cargando. Iba caminando con la mirada hacia el frente pero mi pasado me retenía; era necesario cortar con él para enfocarme en el presente y en el futuro. Entender el perdón de Dios y perdonarme a mí misma me dio la libertad de sentirme como una nueva criatura. Había enterrado mi pasado por completo y estaba lista para el siguiente salto en mi vida.

Tómalo o Déjalo

El cambio en mi vida comenzó a acelerarse; estaba en un *curso intensivo de transformación.* Sin embargo, a pesar de todo lo nuevo que estaba viviendo, había algo que aún no entendía. Aunque me estaba acercando más a Dios, cambiando mis hábitos e involucrándome cada vez más en la iglesia, seguía enfocada en lograr los planes que tenía para mi vida; no podía soltar mis sueños. Tristemente, ellos eran mi prioridad, mi *número uno.*

Yo pensaba que al caminar con Dios podría hacer cualquier cosa que quisiera, siguiendo mis sueños siempre y cuando me mantuviera al margen, pero esa es una mentalidad tibia. No entendía que decirle sí a Dios era aceptar Sus planes, propósitos y tiempos. El Señor creó todo para Su gloria y tiene un plan particular para nuestras vidas, de manera que nuestra existencia se trata de lo que Él ya ha establecido y no de nuestra voluntad. Cuando vemos la vida de los apóstoles, nos damos cuenta de que ellos dejaron absolutamente todo para seguir a Jesús (sus familias, trabajos y deseos), con el fin de vivir para un propósito mucho más grande del que podían imaginar.

Estaba dispuesta a dejarlo todo por Dios, excepto mis sueños, porque sin ellos no sabía quién era (siempre creí que mis anhelos me definían y me daban valor como persona). Dentro de nuestra mentalidad humana, tendemos a pensar que nuestros planes son mejores que los de Dios. Creemos que lo que nosotros deseamos para nuestras vidas es lo mejor, pero eso, queridos amigos, es incorrecto.

No sé si has escuchado hablar de Moisés, pero quisiera compartir contigo una parte de su vida que me llama mucho la atención. Él había asesinado a un egipcio por maltratar a un hebreo, y por eso tuvo que huir de Egipto. Mucho tiempo después, Dios le habló de la manera más extraordinaria y le dijo que lo había elegido para liberar al pueblo de Israel de la esclavitud en Egipto y llevarlos a la tierra prometida. El Señor lo había llamado a ser un gran líder. Moisés no se sentía calificado para esa labor: había crecido como egipcio siendo hebreo, había matado a alguien y era tartamudo. Ante sus propios ojos, él era la persona menos indicada para ser usada por Dios y liberar a un pueblo, así que se negó muchas veces a cumplir su llamado. Sin embargo, al final él obedeció la voz de Dios.

Durante la travesía de los hebreos a la tierra prometida, hubo varios momentos en que el pueblo probó la paciencia de Moisés. En una de esas ocasiones, él se enojó y desobedeció el mandato de Dios; en consecuencia, el Señor le dijo que no entraría a la tierra prometida (Deuteronomio 31:2). Lo que más me impresionó al leer ese relato fue que a pesar de que Moisés sabía que no podría entrar a la tierra, él continuó guiando al pueblo hasta ese lugar; es decir, entendió que no se trataba de su vida y sus planes, sino de Dios y Su plan, el cual era mucho mayor. Moisés pudo haber desistido de su misión, especialmente al saber que no entraría a la tierra prometida, pero permaneció fiel. Deuteronomio 34:10 dice: *"Desde entonces no volvió a surgir en Israel otro profeta como Moisés, con quien el Señor tenía trato directo"* (NVI). Moisés confió en los planes del Señor y por eso fue usado por Él.

Al igual que Moisés, yo tuve que decidir si aceptaba los planes de Dios o si me apegaba a los míos. En mi ignorancia, no estaba viviendo en el propósito del Señor, pero Él como un Padre misericordioso me alcanzó y me dio una herencia, aquello que Él dispuso para mi vida incluso antes de que yo naciera. Dios puso las cartas sobre la mesa y me hizo elegir; ya era hora de dejar los juegos y tomar una decisión que marcara el resto de mi vida.

Lucky Santangelo

En noviembre del 2015 salimos de viaje familiar a El Paso, Texas, para la celebración sorpresa de los 70 años de mi abuelita; toda la familia asistió. Tuve que viajar sola porque mis papás y mi hermano se fueron primero, y un par de días después los alcancé. Decidí llevarme un libro de ficción que hablaba sobre Lucky Santangelo, una joven millonaria hija de un mafioso. El texto relataba su vida lujosa y llena de privilegios, describiendo lo que en verdad ocurría detrás de aquellas "familias perfectas" que aparentemente lo tienen todo en el área material. Los temas predominantes del libro eran la fama, el éxito, el dinero y los viajes; todo ese tipo de cosas que usualmente las personas admiran.

Durante los dos vuelos de conexión continúe leyendo el mismo libro, y algo totalmente inusual sucedió. Honestamente es difícil poner en palabras lo que sentí en ese momento, pero Dios habló a mi vida de una manera que cambió mi mundo y lo volteó de cabeza. A través de lo que estaba leyendo, empecé a sentir que unas vendas cayeron de mis ojos, y al fin pude entender lo que mis padres me dijeron por mucho tiempo. Por medio de esa lectura, el Señor me hizo comprender cómo sería mi vida en el futuro si yo continuaba por el camino que estaba recorriendo; sin duda me iba a encontrar con los mismos problemas que estaban narrados en el texto. Mi futuro y mis sueños estaban reflejados en un puente muy delgado en donde solo cabían mis pies, y si quitaba la mirada de Dios si quiera por un segundo iba a caer. Debajo de mí solo había lava.

Finalmente entendí que yo estaba arriesgando todo por la fama y el éxito; me di cuenta que estaba viviendo de una manera equivocada. Estaba poniendo en riesgo mi relación con Dios y con mi familia, además de mi integridad y mis valores. Comprendí que el día que lograra "todo" en realidad no iba a tener nada. Estaba luchando por algo que no valía la pena, y la cima del éxito que tanto añoraba estaba vacía. Por primera vez, en ese avión camino a El Paso, con completa convicción oré al Señor y le entregué lo último que me quedaba. No sabía qué iba a suceder conmigo, pero estaba dispuesta a vivir la historia que Dios ya tenía preparada para mí. Decidí eso con tanta convicción que los cimientos de mis *montañas* comenzaron a temblar; era como si todo ese tiempo se hubiera estado formando un volcán dentro de mí y ahora estaba listo para hacer erupción.

"ES NECESARIO QUE SUELTES POR COMPLETO TU VIDA PASADA PARA PODER VIVIR UNA NUEVA VIDA CON **DIOS**".

¿Qué es lo que no te permite rendir por completo tu vida a Dios?

¿Cuáles sueños hacen que tu corazón se acelere?

¿Estás dispuesto a confiar en los planes del Señor?

Quiero compartirte algunas canciones que han bendecido mi vida y de alguna manera me han ayudado a entender más lo que significa vivir en Dios:

	Canción	Duración
▶	**Lord I'm ready now** Plumb	3:33
2	Lose my soul Toby Mac	6:15
3	Deseable Marcos Brunet	13:34
4	Es la historia Edgar Lira	3:35
5	Hoy veré su gloria Abner Himely	4:51

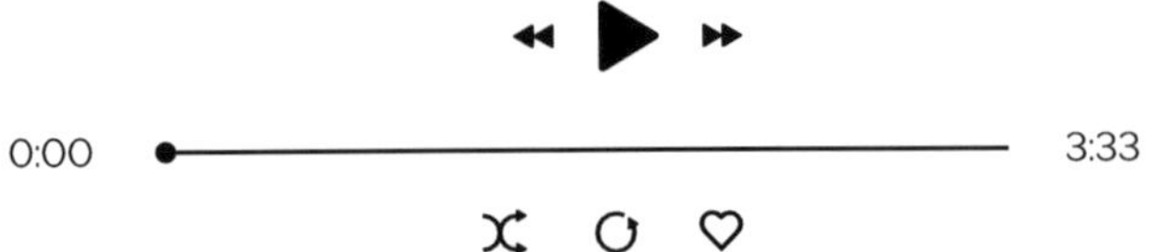

También te invito a leer y a estudiar los siguientes versículos. Conocer y tener presente las verdades de Dios es lo único que te ayudará a mantenerte firme:

Proverbios 16:3 (NVI)

"Pon en manos del señor todas tus obras, y tus proyectos se cumplirán".

Jeremías 29:11

"Solo yo sé los planes que tengo para ustedes. Son planes para su bien, y no para su mal, para que tengan un futuro lleno de esperanza".

Proverbios 16:3 (NVI)

"Con tus propios ojos viste mi embrión; todos los días de mi vida ya estaban en tu libro; antes de que me formaras, los anotaste, y no faltó uno solo de ellos. Dios mío, ¡cuán preciosos me son tus pensamientos! ¡Cuán vastos son en su totalidad!".

04 | COLLAR DE PERLAS

"PORQUE ¿DE QUÉ LE SIRVE A UNO GANARSE

TODO EL MUNDO, SI PIERDE SU ALMA?"

MARCOS 8:36

04 | COLLAR DE PERLAS

Me gustan mucho las perlas, especialmente porque por medio de ellas se pueden demostrar verdades profundas. Hay una pequeña historia en particular que me encanta; por medio de ella, y de una manera muy sencilla, es posible explicar la importancia de confiar en nuestro Padre celestial, y la necesidad de soltar nuestros planes para recibir algo mejor.

Había una niña que tenía un collar de perlas de plástico; era su favorito y lo llevaba a todas partes sin soltarlo. Un día, su papá le pidió que le entregara ese collar sin explicación alguna. La niña, llorando, se negó a dárselo porque ante sus ojos era lo mejor y más valioso que poseía; ella no lo quería perder. El padre insistió tanto que finalmente la niña devastada se lo entregó. Después de unos días, el papá llegó a la casa con una sorpresa, ¡un collar de perlas de verdad!

La idea del fracaso me aterraba. Siempre he sido visionaria y soñadora, y por alguna razón pensaba que seguir a Jesús era sinónimo de no lograr nada. Tenía muchos sueños, anhelos y retos que no quería dejar ir; me estaba aferrando, como muchas veces nos pasa a todos, a collares de perlas falsas que ante mis ojos eran inigualables. Tenía miedo de soltar, perder el control y cometer errores. ¡Esto nos muestra lo poco que conocemos a Dios, ignorando Su creatividad, Su bondad y Sus propósitos!

En la historia que compartí, el papá veía el entusiasmo y la felicidad que su hija sentía al tener ese collar de plástico, pero en su gran amor él quiso darle algo con un valor verdadero, algo que no se deteriorara con el tiempo. Dios hace lo mismo en nuestras vidas. Cada sueño y talento que tenemos ha sido diseñado por Él.

Hace algún tiempo estaba estudiando el libro de Jeremías y me impactó leer este texto *"Antes de que yo te formara en el vientre, te conocí. Antes de que nacieras, te santifiqué y te presenté ante las naciones como mi profeta"* (Jeremías 1:5). Acá vemos que Dios tiene un propósito incluso antes del nacimiento de una persona; es Él quien establece nuestra identidad. Sin embargo, el enemigo nos quiere desviar y nos distrae con collares de perlas falsas. Esto hace que no descubramos nuestro verdadero valor y propósito en Cristo.

En aquel vuelo en que la venda de mis ojos se cayó, me di cuenta de que todo lo que yo sostenía como verdad era una farsa. Aquellos sueños a los cuales estaba aferrada eran una copia barata del plan original, así que solté mi *collar* y le abrí paso a lo verdadero. Dios no me dijo qué iba a pasar, yo no sabía absolutamente nada, pero sentía una gran paz dentro de mí; estaba segura de que eso era lo mejor.

Al llegar a casa después del viaje, borré el canal de YouTube que había construido durante 5 años y eliminé todas mis cuentas en redes sociales; deseché todo lo que estuviera relacionado con mi vida pasada. Mi actitud y forma de pensar dieron un giro de 180 grados que tomó a mis papás por sorpresa. Incluso, mi mamá me preguntó si estaba segura de mi decisión de borrar todo de forma definitiva. Llevaba años trabajando por un sueño, al que le había dedicado mucho esmero, y mis padres eran los primeros testigos de eso. Fueron 5 años de audiciones, programas de televisión, sesiones de fotos, visitas a estudios de grabación, presentaciones, y una infinidad de esfuerzos que iban a quedar atrás. Estaba dispuesta a que todo lo que había trabajado y deseado desapareciera en tan solo un clic. No dudé al momento de tomar mi decisión; estaba convencida. Ya no existía la presión de cumplir el estándar de alguien más. Sentí una libertad indescriptible, como si el peso de la vida hubiera desaparecido. Fue el momento perfecto para deshacerme de aquello que me impedía seguir adelante; por primera vez veía las cosas con claridad. Al cortar con mi pasado, corté con lo que me separaba de los planes de Dios.

Quería hacer la voluntad del Señor con todo mi ser; deseaba ser una hoja en blanco para que Él escribiera lo que quisiera. Estaba lista para empezar de nuevo, y esta vez no era yo quien dirigía, hablaba o planeaba. Ahora solo estaba escuchando. Me sentía como en el inicio de una carrera: lista, en posición y preparada para recibir la dirección de Dios y actuar.

Encontrando el Camino

¿Alguna vez te has preguntado cuál es tu propósito? ¿Para qué fuiste llamado? Creo que todos en algún punto hemos pensando esas preguntas. De hecho, esos son dos de los interrogantes que más recibo en mis redes sociales. Todos están desesperados por saber la respuesta, pero no siempre saben buscarla en los lugares adecuados. Hay un versículo que repito mucho, pero quisiera compartirlo de nuevo porque resume lo que debemos hacer en la vida: *"Por lo tanto, busquen primeramente el reino de Dios y su justicia, y todas estas cosas les serán añadidas"* (Mateo 6:33). Dios es lo primero. Buscarlo debe ser nuestro principal deseo, y Él según Su voluntad añadirá a nuestras vidas las demás cosas.

En nuestro gran anhelo por tener un propósito, podemos perder el enfoque y centrarnos en nosotros mismos (lo que tenemos que hacer, las decisiones que debemos tomar, la carrera que vamos a estudiar, el trabajo que debemos conseguir, la familia que tendremos, etc.). Para mí, Dios era un Ser superior al cual yo le pedía cosas, y Él me las tenía que dar. Aunque neguemos esa forma de pensar, lo cierto es que la podemos ver reflejada en el día a día de muchas personas que asisten a iglesias cristianas. Ellos solo buscan a Dios para obtener algo que los beneficie, pero no para conocerlo o glorificarlo.

Dios tiene planes y propósitos muy especiales para tu vida, pero debes caminar en devoción a Él para disfrutar de Su buena voluntad. A veces queremos la recompensa sin pasar el proceso, queremos la bendición sin llenarnos de Dios, pero no hay bendición que se iguale a conocerlo a Él y tener una relación íntima con Su Hijo. Todo lo demás fluye de nuestro caminar con el Señor.

Después de leer Mateo 6:33 y meditar en el texto, comencé a buscar a Dios para conocerlo. Mis oraciones dejaron de ser demandas y exigencias, y ahora se enfocaban en exaltarlo, agradecerle y pedirle que pusiera fuego en mi corazón por Su Palabra. Comencé a aprender más sobre Él porque me había quitado de en medio y ya no era la protagonista de mi historia. Ya no estaba obsesionada con mis sueños y mis anhelos; mi interés principal era conocer más al Señor. En mis oraciones le pedía dirección sobre lo que tenía que hacer porque estaba dispuesta a obedecerle de corazón. Fue un proceso en el que mi vida y mi mentalidad tomaron una dirección totalmente diferente.

No te voy a mentir, hubo un momento en que la desesperación y el pánico tocaron a mi puerta. No había nada que me gustara fuera del arte y los medios de comunicación, entonces no sabía a qué lugar me llevaría Dios; me daba miedo que Él me pusiera en medio de algo que yo detestara. Lo que aún no había entendido, es que Dios mismo fue quien puso esos sueños y talentos dentro de mí. No tenía nada de qué preocuparme porque Él no me estaba arrebatando algo para dejarme con las manos vacías; Dios quería darme un collar de perlas verdaderas.

Un día pensé: "si antes usaba los medios sociales para mi ego y beneficio, ¿por qué no usarlos ahora para Dios?". Ya tenía la cámara, sabía editar y tenía el conocimiento básico para subir material a la web. Sentí como una chispa dentro de mí, pero no me quería mover muy rápido; quería confirmar si no estaba buscando una excusa para hacer mi voluntad y escuchar mis emociones. Después de unos días de oración, pensé en abrir un nuevo canal de YouTube con el nombre "Encontrando El Camino", y compartir mi testimonio en un video. El nombre del canal reflejaba exactamente el punto en el que yo estaba, buscando caminar hacia Dios y Sus propósitos. Así que tomé mi cámara, me senté frente a ella y abrí mi corazón para hablar sobre la vida que llevé antes, además de compartir mi experiencia en aquel avión en el que Dios abrió mi corazón. En ese momento no tenía ni idea de las puertas que iba a abrir aquella respuesta en obediencia.

Causa y Efecto

En medio de la gran emoción que estaba sintiendo por mi cambio de vida y el nuevo proyecto del canal de YouTube, no había tenido en cuenta que cuando caminamos con Dios también suceden cosas difíciles. Usualmente creemos que seguir a un Dios bueno significa que no pasaremos por dificultades o tribulación. Incluso vemos la adversidad como un equivalente a la ausencia de Dios. Sin embargo, algo que tuve que aprender con rapidez es que el enemigo no quiere que nos acerquemos a Dios; Él no quiere que conozcamos la verdad y seamos libres (Juan 8:31-32).

En el Capítulo 1 mencioné que existe un mundo espiritual y cité Efesios 6:12: *"La batalla que libramos no es contra gente de carne y hueso, sino contra principados y potestades, contra los que gobiernan las tinieblas de este mundo, ¡contra huestes espirituales de maldad en las regiones celestes!"*. En el mundo existen realidades espirituales constantes, aunque no las podamos ver.

Todo lo que hacemos tiene un efecto en la eternidad y en lo espiritual. Santiago 4:4 dice: *"¿No saben que la amistad con el mundo es enemistad con Dios? Todo aquel que quiera ser amigo del mundo, se declara enemigo de Dios"*. Solo hay de dos sopas (como diría mi mamá); es decir, solo hay dos equipos: el de Dios o el de Satanás. En el instante en que comenzamos a seguir a Dios y encontramos nuestra identidad en Él, nos convertimos en contrincantes del enemigo. Cuando éste ve amenazas contra sus planes, lanza dardos y distracciones a nuestras vidas para desviarnos y desenfocarnos del camino. Pero eso no debemos desanimarnos; por el contrario, debemos ver esa realidad como una confirmación de que vamos por el camino correcto. Una cita de "*Don Quijote de la Mancha*" dice: "*Deja que los perros ladren, es señal de que avanzamos*". Tanto en lo espiritual como en lo físico, recibiremos ataques cuando empecemos a avanzar y a obtener victorias sobre el territorio enemigo. Es importante que sepamos esto para que estemos preparados y los ataques no nos sorprendan.

Parálisis de Sueño

Al entender la trascendencia que tienen nuestras acciones en el ámbito espiritual, quisiera contarte acerca de algo extraordinario que sufrí en mi vida. No menciono esto para asustarte sino para motivarte a continuar luchando aun en la adversidad, y para que seas consciente de la guerra en la que nos encontramos. Tendremos continuas batallas en esta tierra, pero la victoria nuestra ya está ganada en el nombre de Jesús (Juan 16:33).

El día que decidí subir mi testimonio al nuevo canal de YouTube lo hice de forma natural. No fue algo que procesé demasiado; simplemente fue iniciar un nuevo proyecto y hacer lo que había hecho por años, pero con un enfoque distinto. Sin embargo, para el enemigo no fue un simple video. Las cadenas en las cuales había estado aprisionada se habían caído y estaba caminando en seguridad hacia adelante, de manera que él uso su típica táctica de intimidación para detenerme, pero gracias a Dios no funcionó.

Subí ese primer video una tarde de diciembre del 2015, pero no sabía que esa misma noche la batalla espiritual llegaría como nunca antes. Estaba orando antes de dormir, y empecé a sentir algo en mi cuarto, una presencia; era como si el aire se volviera espeso. Fue algo muy desagradable. Al terminar de orar, por más que quería dormir y no darle importancia a lo que pasó, sentía como si algo estuviera colgándose de mi espalda y empecé a tener miedo. Así que, como si fuera una pequeñita, corrí al cuarto de mis padres. Mi papá estaba fuera de la ciudad, pero toqué la puerta para saber si mi mamá seguía despierta. Cuando me abrió, comencé a hablar sin parar, tratando de explicarle lo que estaba experimentando, pero nada de lo que decía tenía sentido para ella. Me hacía preguntas para tratar de entender lo que pasaba y así poder orar de forma más específica, pero yo estaba confundida.

Si ya le había rendido todo a Dios, ya no había nada por conquistar; o al menos eso pensaba yo. Ignoraba que ese era solo el comienzo de la lucha. Después de un tiempo de orar juntas (ya era tarde y trabajábamos al día siguiente), nos fuimos a acostar, aunque yo no me sentía tranquila. Sin embargo, mientras dormía sentí otro ataque distinto en mis sueños.

Existe algo que muchas personas llaman "parálisis del sueño". Wikipedia define este término como "una incapacidad transitoria para realizar cualquier tipo de movimiento voluntario que tiene lugar durante el periodo de transición entre el estado de sueño y el de vigilia (...) suele acompañarse de una sensación de gran angustia (...) Durante el episodio, la persona está totalmente consciente, con capacidad auditiva y táctil, pero es incapaz de moverse o hablar, lo que puede provocar gran ansiedad". Algunos le dan una explicación científica, y otros se refieren a esa experiencia de forma coloquial diciendo: "se te sentó un muerto". Aunque nunca he estudiado acerca del tema, muchos aseguran que tiene que ver con el mundo espiritual.

Cuando tenía siete años comencé a experimentar cierto tipo de pesadillas; soñaba que una criatura con apariencia demoniaca me atacaba y, tanto en el sueño como en la realidad, yo no podía moverme o gritar. Como había crecido en la iglesia, había escuchado que hay poder en el nombre de Jesús; entonces, cada vez que tenía esas pesadillas en el sueño decía "en el nombre de Jesús", y despertaba en tranquilidad.

A pesar de que en el pasado había tenido experiencias similares, lo que experimenté esa noche en el sueño fue más fuerte que cualquier otra pesadilla que hubiera vivido antes. Y lo relacioné con el hecho de que yo había dejado atrás algo que agradaba al mundo y la carne y lo estaba cambiando por algo que agradaba a Dios y tenía el propósito de seguir Su voluntad. Pensé que algo fuera de lo natural me estaba atacando y venía con mucha fuerza y con la intención de destruirme. En los sueños de antes, los demonios no me tocaban; estaban a mi alrededor pero siempre a cierta distancia. No obstante, en este sueño el demonio se puso encima de mí, y yo intentaba quitármelo de encima y defenderme. Era tan fuerte que no solamente tuve que decir "en el nombre de Jesús", sino que también tuve que empezar a orar incesantemente, hasta que logré despertarme y moverme.

La Casa Desocupada

Hablar de lo espiritual puede generar distintas reacciones; hay personas que no creen en esas realidades o simplemente nunca las han experimentado. En lo personal, siempre he creído en ellas, pero aunque sabía que el enemigo existía, jamás pensé que tuviera algo que ver conmigo de forma personal (mi enfoque siempre había estado en Dios y en las cosas espiritualmente buenas). Creo que este es un tema tabú dentro de la iglesia y no se profundiza sobre él en muchos lugares. Es por eso que pienso que es importante mencionarlo, y aunque no soy experta, tal vez mi experiencia te pueda ayudar a comprenderlo mejor.

Al día siguiente de aquel sueño tuve que ir a trabajar. En ese tiempo era la asistente personal de la dueña de una compañía de publicidad. Todos estaban en el piso principal y no había divisiones entre los cubículos, pero yo trabajaba dentro de la oficina de mi jefe y tenía un pequeño escritorio en la esquina. La verdad es que rara vez estaba en la oficina y usualmente trabajaba sola. Recuerdo que ese día estaba sentada en mi escritorio y percibí algo distinto; ya no se sentía la misma presencia amenazante del sueño; pero parecía como si algo hubiera salido de mí y estuviera vacía por dentro. Literalmente sentía que el aire me atravesaba completamente. Nunca me había sentido de esa manera y no entendía el porqué. Lo único que se me ocurrió fue poner música de adoración y continuar orando. En eso momento pensé en Mateo 12:43-45: *"Cuando el espíritu impuro sale del hombre, anda por lugares áridos en busca de reposo, y no lo halla. Entonces dice: "Volveré a mi casa, de donde salí". Y cuando llega, la halla desocupada, barrida y adornada. Entonces va y trae otros siete espíritus peores que él, y entran y allí se quedan a vivir. ¡Y el estado final de aquel hombre resulta ser peor que el primero! Así también le pasará a esta generación malvada".* Cuando le entregué todo a Dios, rechacé las cosas del mundo. Ese día le había cerrado la puerta en la cara a mi pasado y no quería que volviera por ningún motivo; no quería que encontrara *la casa* desocupada, barrida y adornada.

Después de meditar en esa cita de Mateo, empecé a ayunar y a orar más, pidiéndole al Señor que Su Espíritu me ayudara. El proceso duró un par de semanas, en las que continué experimentando esa desagradable sensación que viví en la oficina, pero eventualmente volví a la normalidad.

Hay ocasiones en las que contar esta historia causa temor en quienes me escuchan, porque creen que les pasará lo mismo, pero como ya mencioné atrás, los creyentes tenemos victoria en Cristo. Es importante tener presente lo espiritual porque es una realidad constante en nuestras vidas y es ahí donde se pelean las batallas. Un versículo que debemos tener en la mente y en el corazón con referencia a este tema es 2 Corintios 10:3-5: *"Es verdad que aún somos seres humanos, pero no luchamos como los seres humanos. Las armas con las que luchamos no son las de este mundo, sino las poderosas armas de Dios, capaces de destruir fortalezas y de desbaratar argumentos y toda altivez que se levanta contra el conocimiento de Dios, y de llevar cautivo todo pensamiento a la obediencia a Cristo"*.

Todo lo que enfrentamos es un reflejo del mundo espiritual. Si no entendemos eso, iremos por la vida luchando en nuestras fuerzas, y lo único que lograremos es frustrarnos y desgastarnos. Nuestras batallas no se resolverán peleando contra la sociedad o contra las personas. Cuando entendí eso, supe que era tiempo de vestirme con la armadura de Dios (Efesios 6:11) y reconocer que Jesús ya venció en la cruz y qué Él pelea por nosotros las batallas; Él ya obtuvo nuestra victoria, y ahora es necesario pelear de una manera distinta.

05 | ROMPIENDO LOS CICLOS

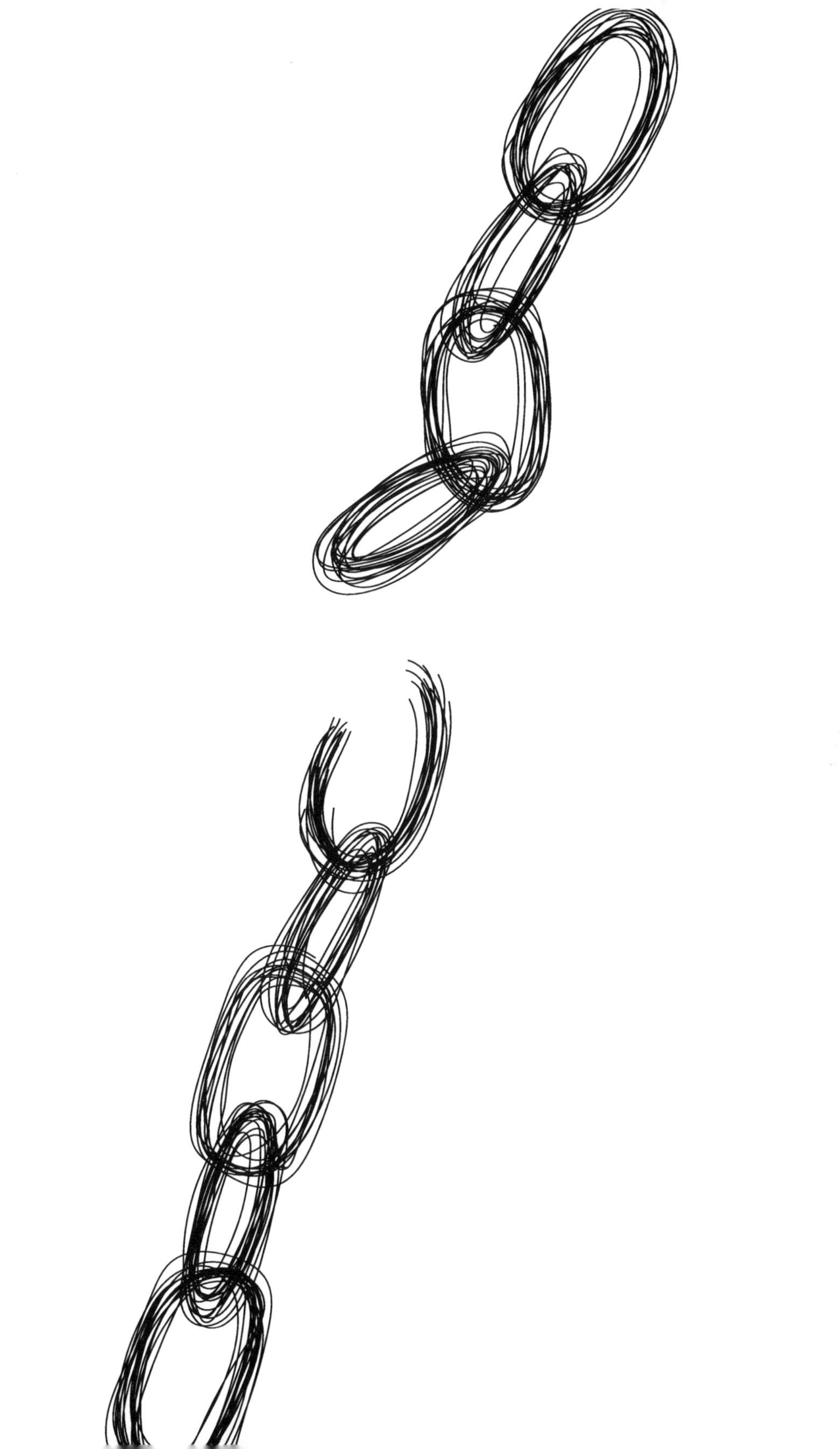

"HERMANOS, YO MISMO NO PRETENDO HABERLO ALCANZADO YA; PERO UNA COSA SÍ HAGO: ME OLVIDO CIERTAMENTE DE LO QUE HA QUEDADO ATRÁS, Y ME EXTIENDO HACIA LO QUE ESTÁ ADELANTE; ¡PROSIGO A LA META, AL PREMIO DEL SUPREMO LLAMAMIENTO DE DIOS EN CRISTO JESÚS!"

FILIPENSES 3:13-14

05 | ROMPIENDO LOS CICLOS

El video de mi testimonio marcó el cambio radical que estaba por suceder en mi vida. Fue el primero de muchos que comencé a subir regularmente al canal hablando de Dios, de lo que iba aprendiendo mientras leía la Biblia y de mi nueva pasión. A diferencia de mi canal de YouTube anterior, esta vez no pensaba mucho en lo que iba a pasar y a dónde llegaría con lo que estaba haciendo. Solo sentía la necesidad de compartir ese fuego que se había encendido dentro de mí.

Aunque los videos inicialmente no tenían muchas visitas, me sentía muy feliz con mi labor porque sabía que estaba cumpliendo un propósito, y además al hacerlos sentía que era parte de los planes de Dios. Tenía un gran deseo por conocer más de la Biblia y del Señor, y cada día me asombraban más las cosas que aprendía; no aguantaba las ganas de compartirlas para ayudar a otros jóvenes que estuvieran en el mismo proceso que yo. Por tres meses estuve creando contenido semanal sin fallar ni una vez. Después de ese tiempo, se presentó una oportunidad muy prometedora de darle más exposición al proyecto. Una radio local de San Antonio, Texas, me ofreció la oportunidad de llevar "Encontrando El Camino" a un programa de radio que se transmitiría semanalmente los martes y los jueves. En verdad estaba emocionada, pero sentí un poco de incertidumbre porque no sabía si era el paso correcto; no me quería salir de los planes de Dios. Mi mayor deseo era obedecer al Señor y complacerlo, así que comencé a orar por eso; también hablé con mis papás y con los líderes de mi iglesia buscando su consejo. Aunque estaba nerviosa, Dios puso paz en mi corazón y acepté la propuesta.

Soy de ese tipo de personas que tarda en reaccionar a ciertos acontecimientos de la vida. Me toma bastante tiempo asimilar por completo las cosas, y en el último instante la realidad me despierta y siento que las emociones me golpean como una avalancha. Cuando acepté estar en la radio, estaba preocupada por hacer la voluntad de Dios pero no procesé lo que eso implicaría. La noche antes de mi primer programa, tenía un nudo en el estómago. ¡Entré en pánico total! Jamás había escuchado un programa de radio, y mucho menos había entrado a una cabina. Mis videos usualmente duraban 5 minutos, y ahora tendría un programa donde debía hablar media hora. Perdí la cabeza, empecé a llorar y me preguntaba porque había aceptado estar ahí; no me sentía preparada ni capaz para cumplir con esa labor. Pero después de la tormenta llegó la calma. En medio de mi frustración y mis lágrimas, Dios me dio una maravillosa paz, y pude entender que Él me iba a guiar en cada lugar al que yo fuera; Él me capacitaría para decir las palabras adecuadas. Por la misericordia de Dios, en el primer programa fluyeron las palabras y el tiempo pasó tan rápido que cuando menos pensé solo me quedaba un minuto al aire.

Al terminar la primera transmisión, una persona de la emisora me dijo que sería buena idea hacer un Facebook Live para transmitir en vivo el programa usando esa plataforma, porque eso nos daría la oportunidad de alcanzar una nueva audiencia e interactuar con ella. Desde la primera vez que hicimos la transmisión por ese medio, pude ver la diferencia de alcance que tuvimos; había muchas más visitas en Facebook Live que las que había en YouTube. Debido a eso, abandoné el canal y me enfoqué en la radio y las transmisiones en vivo. Para mi sorpresa, la audiencia fue creciendo rápidamente, y yo me sentía en las nubes. Las cosas no solamente estaban saliendo bien en el nuevo proyecto que estaba emprendiendo, sino que mi relación con Dios era cada día más fuerte; además, también estaba sirviendo en la iglesia, tanto en la alabanza como en el grupo de jóvenes (algo que nunca había hecho).

Todo estaba saliendo mejor de lo que hubiera imaginado; por primera vez me sentía plena y feliz en cada área de mi vida. Creí que todas las dificultades y tragos amargos habían quedado atrás. Ahora era el momento de disfrutar mi camino sin trabas, pensé. Sin embargo, mi burbuja se reventó en un parpadeo y mi vida se convirtió en un caos, tal como había ocurrido en el pasado. Aunque ahora caminaba con Dios, seguía tomando las mismas determinaciones de antes. Las malas decisiones amorosas, las malas amistades, los dramas y los chismes volvieron a aparecer en mi sendero.

Estoy segura de que en algún punto de tu vida has dicho cosas como "siempre me pasa lo mismo" o "¿por qué me ocurren estas cosas?". Debemos vivir experiencias que no nos gustan y que parecen repetirse continuamente, pequeños ciclos que reaparecen en nuestras vidas después de cierta cantidad de tiempo. Pueden ser cosas pequeñas como ser olvidadizo, o incluso algo emocional como sentirse ignorado por los demás o siempre terminar con el mismo tipo de amistades.

Con el tiempo todos formamos patrones y hábitos que definen nuestra forma de pensar, actuar y reaccionar. Cuando confiamos en Dios y realmente deseamos que Él nos santifique y obre en nosotros, comienza un proceso de transformación en cada área de nuestras vidas que en algunas ocasiones puede parecer caótico. Cuando Dios empieza a obrar en nuestro interior, todos nuestros hábitos negativos son mucho más evidentes que antes, y si no tenemos en cuenta eso nos sentiremos frustrados. Es un proceso similar a limpiar con dedicación una casa o una habitación; empiezas a sacar todo para asear cada rincón, y cuando tratas de poner nuevamente las cosas en su lugar parece que hay más desorden que antes. Hay cosas que no sabes dónde poner, los cajones y cajas se están llenando y te desesperas porque no sabes cuándo vas a terminar.

La vida, tanto para creyentes como no creyentes, siempre tiene altas y bajas. Seguir a Dios no hace que todo sea perfecto ni resuelve los problemas mágicamente. Vivir es como estar en una montaña rusa que sube y baja, en la cual hay distintos giros y velocidades. La diferencia para los creyentes es que ahora ellos tienen la seguridad de que Dios los sustenta y no los abandona; Él hace que para aquellos que le aman todas las cosas obren para bien (Romanos 8:28), sin importar en qué parte de la montaña rusa se encuentren.

En el Ojo del Huracán

Mi cuento de hadas se fue desplomando poco a poco. Lo que un día se veía como una vida perfecta, empezó a perder su *efecto rosado*. Dentro del grupo de jóvenes al que asistía se empezaron a formar diversos rumores y comentarios negativos, no solo sobre mí, sino también sobre lo que hacía en la radio y en las redes sociales. Mis mejores amigas me dieron la espalda y todos los que yo consideraba cercanos se alejaron. Tal como me había ocurrido en el pasado, perdí a las personas en las que confiaba. No entendía cómo ellos podían creer lo que se decía de mí sin siquiera acercarse para hablar conmigo y preguntar si eso era cierto. Fue una ola masiva de drama en mi contra y a nadie le importó.

Con el desbalance emocional que comencé a experimentar, la inseguridad, el dolor y la ansiedad regresaron a mi vida. Hubo momentos en los que no podía dormir; un sentimiento de soledad me abrumaba. Me sentía frustrada porque ya había vivido situaciones similares y no quería seguir en ese mismo ciclo. Continuaba hablando de Dios y tratando de acercarme a Él, pero parecía que todo iba de mal en peor, sin importar cuánto me esforzara por cambiar y mejorar. Mi corazón estaba roto y me sentía traicionada, incluso por la iglesia a la que asistía. Hablamos con el pastor pero nadie hizo nada, y aunque no me quería ir (e intenté quedarme por algún tiempo), llegó un punto en el que ya no podía resistir más daño emocional y decidimos buscar otra iglesia.

Al encontrarme de nuevo en el ojo del huracán, comencé a analizar mi vida y me di cuenta de que la única culpable de lo que estaba ocurriendo era yo, porque seguía eligiendo al mismo tipo de amores y a las mismas amistades; continuaba escuchando las voces equivocadas. En medio de ese círculo vicioso, era imposible obtener resultados distintos a los anteriores.

Cuando nos estancamos en esos ciclos dañinos, necesitamos que Dios venga y quite las vendas de nuestros ojos. Si eso está ocurriendo en tu vida, es tiempo de que realices un autoexamen. ¿Quiénes son tus amigos? ¿Cuáles son tus pensamientos? ¿Cuáles son tus decisiones? ¿Cuáles son tus actitudes? ¿Qué consideras como verdad y de dónde la obtienes?

A partir de ese año agridulce, empecé a orar más y más para que Dios arrancara de mi corazón todo lo que no venía de Él; me di cuenta de que aún había un largo camino por recorrer. Le pedí que transformará mi vida y la forma en la que veía las cosas. Quería romper los ciclos que se habían apoderado de mi corazón durante tantos años, pero yo no podía librarme de ellos por mí misma, necesitaba que Dios me diera las fuerzas.

Todo Obra para Bien

Como ya mencioné anteriormente, muchas veces queremos evadir a toda costa cualquier tipo de incomodidad, dolor o dificultad. Sin embargo, son precisamente esas situaciones que nos hacen pasar por el fuego las que definen los momentos más importantes de nuestras vidas, marcando un antes y un después.

Un ejemplo que me encanta acerca de esta verdad es el proceso de formación de las perlas. Siendo algo tan hermoso, ellas son es el resultado de una herida dolorosa. En el momento en que dicha herida es formada, la ostra reacciona de tal forma que termina creando algo de valor; una perla.

En los momentos donde parecía que todo era un desastre en mi vida, yo confíe en lo que había leído en la Biblia y creí que Dios tenía el control y no me iba a soltar. Romanos 8:28 dice: *"Ahora bien, sabemos que Dios dispone todas las cosas para el bien de quienes lo aman, los que han sido llamados de acuerdo con su propósito* (NVI)*"*. Esta es una verdad a la que me aferré con todas mis fuerzas, y eso me ayudó a enfocarme en la promesa y no en el caos. Amaba a Dios y estaba viviendo para Él, y aunque no entendía lo que estaba ocurriendo, tenía la seguridad de que todo obraría para bien; con Dios al mando todo estaba bajo control. Por eso es importante conocer las verdades de

Dios y lo que Él dice en Su Palabra, con el fin de recordarla en esos momentos donde parece que todo va saliendo mal.

Crecer y madurar no siempre será agradable; a veces para seguir adelante tenemos que cortar con adicciones, personas, sueños o comodidades. El cambio puede doler pero eso no significa que no sea para nuestro bien. Es como cuando un músculo se tiene que desgarrar para crecer; es un proceso doloroso pero con resultados gratificantes. Durante el invierno pienso en el proceso que los árboles tienen que pasar al perder todas sus hojas. Sin embargo, cuando llega la primavera ellos vuelven a reverdecer. No siempre entenderemos el porqué de las situaciones que ocurren a nuestro alrededor, o la forma en la que Dios obra en nosotros, pero en esos momentos difíciles podemos aprender algo que nos ayudará el resto de nuestras vidas: depender de Dios completamente aunque el mundo se caiga a pedazos.

El Señor puede escribir una historia hermosa de fe y esperanza en medio de nuestra adversidad, por eso debemos ser pacientes. Lo que a simple vista puede considerarse como algo negativo, con la ayuda de Dios puede florecer en algo maravilloso. Romanos 5:3-5 es un texto muy especial para mí: *"Y no solo esto, sino que también nos regocijamos en los sufrimientos, porque sabemos que los sufrimientos producen resistencia, la resistencia produce un carácter aprobado, y el carácter aprobado produce esperanza. Y esta esperanza no nos defrauda, porque Dios ha derramado su amor en nuestro corazón por el Espíritu Santo que nos ha dado"*. Este pasaje nos recuerda que incluso las cosas dolorosas son necesarias en nuestras vidas, y sin importar cuán amargas puedan parecer, ellas producen buenos frutos.

Salmo 46

Una de las principales razones por las que nos sentimos tristes, deprimidos e incluso vacíos por dentro, es porque nuestra dependencia y esperanza están en las personas, circunstancias o posesiones materiales (que solo nos llenan de manera temporal), y no en Dios. Por ejemplo, cuando tienes hambre y te alimentas con comida chatarra, aunque en el momento parece que estás satisfecho, a los pocos minutos vuelves a sentir apetito. Si sigues consumiendo esa misma clase de alimentos, lo único que haces es llenar tu organismo de *aire;* algo que no le proporciona a tu cuerpo lo que realmente necesita.

Como seres humanos nos sentimos tentados constantemente a poner nuestra satisfacción y nuestro propósito en las opiniones de los demás, los viajes, las apariencias e incluso en el amor. De ningún modo estoy diciendo que estas cosas sean malas, pero no podemos ser dependientes de ellas para sentirnos felices o completos. Es triste decirlo, pero las personas nos fallarán en algún momento; nosotros también le fallaremos a quienes nos rodean. Nuestra confianza entonces debe estar totalmente puesta en Dios, por eso en Jeremías 17:5 dice: *"Así ha dicho el Señor: «Maldito el hombre que confía en otro hombre; que finca su fuerza en un ser humano, y aparta de mí su corazón"*. Esto no quiere decir que no tengamos personas de confianza, sino que nuestra dependencia total solo puede estar en Dios, quien nunca nos fallará.

Hoy podemos tener dinero y mañana no; hoy podemos tener amistades muy cercanas y mañana no; hoy podemos compartir con alguien a quien amamos de corazón y mañana no. Hay muchas cosas que no están en nuestro control y que suelen ocurrir por ciertos periodos de tiempo. Si dependemos de factores impredecibles e inconstantes, regularmente nos sentiremos tristes y desanimados, sintiendo que el mundo se nos viene encima. Durante mucho tiempo, mi felicidad, mi identidad y mi seguridad se encontraban en factores temporales. Aunque ya le había rendido mi vida a Dios, no sabía confiar y depender de Él completamente.

Cuando la ansiedad se volvió tan fuerte e insoportable que no me dejaba conciliar el sueño, comencé a leer un Salmo en voz alta todas las noches antes de dormir. Realmente nunca los había leído todos, pero sabía que David había escrito muchos de ellos; él experimentó momentos de adversidad pero siempre encontró esperanza en el Señor. Un día leí el Salmo 46 y cambié los pronombres plurales ("nuestro, nosotros") por pronombres personales ("mi, mío"), y lo hice el himno personal de mi vida. Este fue el resultado:

Dios es mi amparo y fortaleza,
Mi pronto auxilio en todos los problemas.
Por eso no tengo ningún temor.
Aunque la tierra se estremezca,
y los montes se hundan en el fondo del mar;
aunque sus aguas bramen y se agiten,
y los montes tiemblen ante su furia.

Los afluentes del río alegran la ciudad de Dios,
el santuario donde habita el Altísimo.
Dios está en medio de la ciudad;
por eso, la ciudad no será conmovida;
ya en la mañana Dios le brinda su ayuda.
Braman las naciones, se tambalean los reinos,
pero Dios habla y la tierra se derrite.
¡Conmigo está el Señor de los ejércitos!
¡Mi refugio es el Dios de Jacob!

¡Vengan a ver las grandes obras del Señor!
¡Ha sembrado en la tierra gran desolación!
¡Ha puesto fin a las guerras en los confines de la tierra!
¡Ha roto los arcos y despedazado las lanzas!
¡Ha arrojado al fuego los carros de guerra!

"¡Alto! ¡Reconozcan que yo soy Dios!
¡Las naciones me exaltan! ¡La tierra me enaltece!".

¡Conmigo está el Señor de los ejércitos!
¡Mi refugio es el Dios de Jacob!

La vida no es perfecta, es impredecible; pero doy gracias al Señor porque por medio de Su Palabra pude entender que el único factor constante en mi vida era, es y será Dios.

Todo va a Empeorar antes de Mejorar

Regresando a lo que estaba viviendo a nivel personal cuando el programa de radio comenzó a ganar audiencia, lo que parecía un sueño hecho realidad se empezó a convertir en una pesadilla. Cuantas más personas escuchaban el programa, más eran los comentarios, y muchos de éstos no eran buenos. Algunos criticaban hasta los detalles más pequeños de mi persona; cómo me veía, lo que hablaba y lo que hacía. Siempre decimos que no debemos darle importancia a lo que opina la gente, y eso es cierto, pero es más fácil decirlo que hacerlo, especialmente cuando te empiezas a exponer de forma pública. Aunque había recibido críticas en el pasado, nunca había estado en una posición donde personas que no me conocían realmente tuvieran una opinión sobre mí.

Por un momento quité el enfoque de Dios y empecé a escuchar las opiniones de la gente, y eso hacía que mis inseguridades volvieran y tomaran control de mi vida. No quería que hubiera conflicto y quería estar en paz con todos, pero no importaba lo que hiciera, los demás siempre tenían algo que decir de mí. La situación estaba más allá de mi control y honestamente no sabía cómo enfrentarla. Lo único que quería era hablar de Dios y motivar a otros jóvenes a vivir para Él. ¡No entendía de dónde venían las críticas! Si Dios ya me había llamado y me estaba usando, no comprendía por qué las personas me querían descalificar.

Como lo mencioné anteriormente, empecé a caer en los mismos ciclos del pasado, aunque ahora el Señor estaba conmigo. Mi vida estaba lejos de ser perfecta, pero en lugar de derribarme y alejarme de Dios, cada situación que vivía me hacía más fuerte y me acercaba más al Señor. Pude conocer con mayor profundidad quién es Él. Antes me importaba lo que la sociedad opinaba de mí, y ahora me importaba lo que los "cristianos" opinaban y pensaban de mí; caí en el mismo error. Me di cuenta de que mi vida no estaba resuelta; no tenía todas las respuestas y aún necesitaba un cambio en mi mente.

Cuando entregamos nuestras vidas a Dios, Él nos da las herramientas necesarias para luchar contra nuestros pensamientos, la sociedad, el enemigo y cualquier otra cosa que nos ataque. Sin embargo, eso no significa que no debemos esforzarnos para usar dichas herramientas. Como creyentes en Cristo, Dios nos da esperanza, redención, propósito e identidad; cosas a las cuales no teníamos acceso antes de conocerle. Efesios 6:13-17 habla sobre esas *herramientas espirituales*, la armadura de Dios:

"Por lo tanto, echen mano de toda la armadura de Dios para que, cuando llegue el día malo, puedan resistir hasta el fin y permanecer firmes. Por tanto, manténganse firmes y fajados con el cinturón de la verdad, revestidos con la coraza de justicia, y con los pies calzados con la disposición de predicar el evangelio de la paz. Además de todo esto, protéjanse con el escudo de la fe, para que puedan apagar todas las flechas incendiarias del maligno. Cúbranse con el casco de la salvación, y esgriman la espada del Espíritu, que es la palabra de Dios".

Es necesario buscar las verdades bíblicas para aplicarlas a nuestra vida y obtener la fuerza necesaria para luchar contra cada círculo vicioso, máscara y patrón de pecado. Con la ayuda del Señor, pude darme cuenta de la transformación que yo necesitaba realmente. Mi crisis de identidad no había sucedido porque sí; era necesario cambiar varias áreas de mi vida que me habían llevado a ser la persona que era. Al darme cuenta de la necesidad que tenía de hacer algo distinto, empecé a orar enfocándome en algunos aspectos específicos de mi vida. Ese fue el comienzo de la sanidad y la transformación que me llevaron a encontrar esa identidad y propósito que tanto buscaba, aquel que Dios me dio cuando me creó.

"ANTES DE QUE DIOS TE HAGA AVANZAR A LA SIGUIENTE TEMPORADA DE TU VIDA, **ÉL TE VA A PREPARAR**; ÉL QUITARÁ Y TAMBIÉN AÑADIRÁ. NO ESPERES SEGUIR ADELANTE SIN TENER QUE DEJAR ALGUNAS COSAS ATRÁS. NO TODO PUEDE AVANZAR CONTIGO".

¿Hay algún área de tu vida que esté en medio de un círculo vicioso? ¿Cuál?

¿Hay algo de tu pasado que sigues arrastrando?

Escribe una oración rindiendo esas áreas de tu vida al Señor. Pídele perdón y busca la libertad que solo Él puede ofrecer.

Jeremías 10:23

"Yo sé bien, Señor, que nadie es dueño de su vida, ni nadie puede por sí mismo ordenar sus pasos".

06 | CONSTRUYE EN MÍ

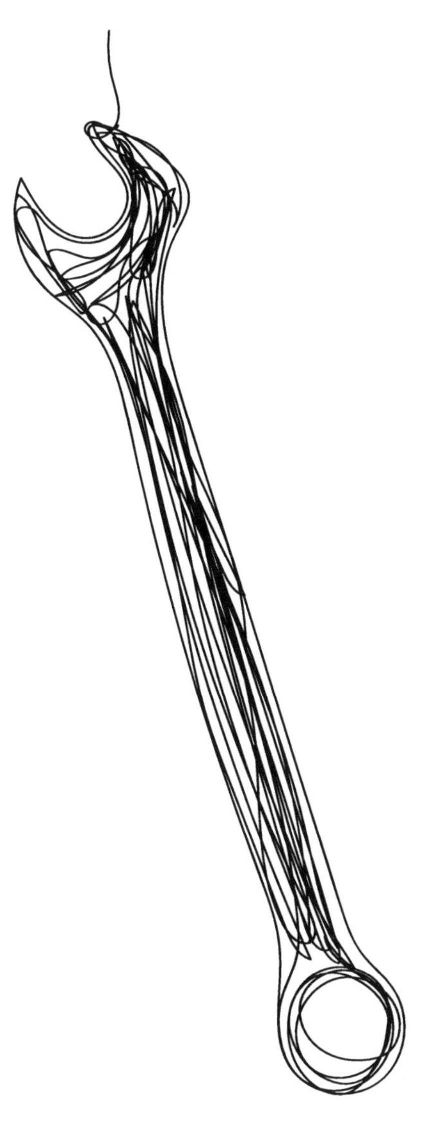

"EXAMÍNAME, OH DIOS, Y SONDEA MI CORAZÓN;

PONME A PRUEBA Y SONDEA MIS PENSAMIENTOS.

FÍJATE SI VOY POR MAL CAMINO, Y GUÍAME POR

EL CAMINO ETERNO".

SALMO 139:23-24, (NVI).

06 | CONSTRUYE EN MÍ

Dios siempre habla pero nosotros no siempre escuchamos. Personalmente creo que Él puede hablar a nuestro corazón en cualquier momento; mientras estamos limpiando, caminando, comiendo y haciendo otras actividades cotidianas. Nuestro deber entonces es estar atentos y escucharlo. Tal vez te preguntes, ¿y cómo podemos saber que el Señor es quien está hablando? Aunque no es una voz audible la que podemos escuchar, es un pensamiento sabio y profundo que viene de Su palabra.

Después del cambio de iglesia, comencé a asistir a una organización cristiana en la universidad local de San Antonio, Texas. Allí había reuniones semanales y también grupos de estudio en casa. Durante semana santa, la organización realizaba viajes misioneros, y en el grupo al que yo asistía decidimos ir a uno. Nos correspondió ir a un pueblo no muy lejos de donde vivíamos, y nos quedamos en una cabaña que estaba en un terreno enorme.

Comenzamos a limpiar el lugar porque querían construir una cocina y varios cuartos para que algunas iglesias hicieran retiros juveniles y otros eventos en las instalaciones. Distribuyeron las tareas entre los diferentes grupos y a mi equipo le correspondió arrancar hierba, árboles y todo lo que estuviera estorbando para que la construcción pudiera llevarse a cabo. Se requería un espacio totalmente despejado.

El viaje fue durante el fin de semana, así que cuando llegó el domingo asistimos a una pequeña iglesia del pueblo. Durante el servicio, en el tiempo de alabanza cantaron una canción que decía en el coro "construye en mí";

esa frase se repetía una y otra vez. Con mucha fe y disposición, yo estaba cantando y repitiendo esas palabras, diciéndole a Dios que construyera en mí; estaba dispuesta a hacer lo que Él quisiera. En ese momento el Señor iluminó mi mente para hacerme entender algo: de la misma forma en que necesitábamos arrancar de aquel terreno todo lo que estorbaba, para que se construyera algo útil y de bendición sobre él, también era necesario arrancar de mi vida todo lo que estorbaba para que Dios construyera algo nuevo. Eso cambió mi perspectiva.

En aquel terreno había cosas superficiales que se podían limpiar rápidamente, pero había otras que tenían raíces muy profundas y tomaba más tiempo y esfuerzo poder arrancarlas. Aunque las raíces fueran grandes o pequeñas, lo cierto es que el terreno debía estar completamente limpio para comenzar algo nuevo y con propósito. Si comparamos esto con nuestras vidas, Dios es quien nos muestra las cosas que deben ser arrancadas; Él ve en lo profundo del corazón y puede hacer un cambio permanente en nosotros. Ese es un trabajo que no podemos hacer solos.

Existen palabras y sucesos que plantan semillas en nuestro corazón; éstas sin darnos cuenta comienzan a generar raíces de rechazo, ansiedad, miedo, adicción, etc. Dios empezó a iluminar áreas de mi vida que necesitaban ser limpiadas; cosas que me cegaban y que impendían que yo fuera realmente transformada. En el proceso en el que estaba, ya se habían arrancado muchas cosas superficiales, pero había llegado el momento de ir a lo profundo y prepararme para lo que estaba por venir.

¿De Dónde Obtienes tu Verdad?

Al comienzo del libro hablé sobre el pecado y cómo éste separó a la creación del Creador desde el principio. Adán y Eva prestaron oído a la voz equivocada, la cual los llevó a tomar una decisión que cambió el resto de la historia. Debido a la separación que se produjo en el Edén, las mentiras han afectado a todas las generaciones, provocando que muchos propósitos, llamados y bendiciones se pierdan en el camino. Sin embargo, gracias al sacrificio de Jesús en la cruz, todas estas cosas pueden ser restauradas; todo aquel que cree en Cristo recibe una mente renovada y puede acercarse nuevamente a Dios.

Vivimos en tiempos *ruidosos*; hay demasiada información y miles de opiniones. Sin importar el tema, es posible encontrar cientos de artículos con perspectivas diferentes. Esto hace que al final del día terminemos confundidos. ¿Quién tiene la razón? ¿Cuál es la verdad?

Quiero compartir contigo cuatro significados que la RAE (Real Academia Española) le da a la palabra "verdad":

1. Conformidad de las cosas con el concepto que de ellas forma la mente.
2. Conformidad de lo que se dice con lo que se siente o se piensa.
3. Propiedad que tiene una cosa de mantenerse siempre la misma sin mutación alguna.
4. Juicio o proposición que no se puede negar racionalmente.

Todas las personas vamos aprendiendo y formando verdades a lo largo de nuestras vidas. Esto va desde lo cotidiano (el idioma, las matemáticas, etc.) hasta las cosas más profundas de nuestro ser (tu valor como persona, lo que crees de ti mismo, etc.). Al igual que todos los demás, yo formé mis verdades con base en mis experiencias personales. Aunque creía en Dios, no tenía una relación con Él y no conocía verdaderamente su palabra; es decir, dirigía mi vida con base en lo que era verdad para mí, pero esa no era la verdad de Dios. Mis fundamentos habían sido establecidos por mi familia, las personas a mi alrededor, la cultura y algunas voces externas.

Hay muchas "verdades" dentro de nosotros que fueron creadas y moldeadas, ya sea positiva o negativamente, por algún comentario de alguien más o por una situación que experimentamos en el pasado. La manera en la que pensamos (cómo nos vemos a nosotros mismos, cómo actuamos y cómo reaccionamos) es un resultado de lo que nosotros consideramos verdadero.

A medida que iba leyendo la Palabra de Dios, comencé a encontrar verdades que me ayudaron a desenmascarar las mentiras de mi corazón y a romper esos ciclos que me llevaban a resultados negativos. Pude notar que había tres áreas específicas que influenciaban por completo mi vida y mi identidad: las amistades, los noviazgos y los medios de comunicación. A lo largo de los años creí muchas mentiras sobre cada una de ellas. A pesar de los cambios notables que hubo en mí cuando realmente puse mi fe en el Señor, todavía quedaban ciertos patrones de conducta que debía cambiar; tuve que detectarlos para trabajar en ellos y arrancarlos de raíz, estableciendo un fundamento nuevo basado en los principios de Dios.

Amistades

"El que se junta con lobos a aullar aprende", ese es un refrán que todos hemos escuchado. Sé que hay algunos que dicen que no les afecta el tipo de personas con quien se juntan (y que siguen siendo ellos mismos a pesar de eso); no obstante, por más fuertes que seamos, siempre tenemos la tendencia a parecernos a aquellos con quienes nos rodeamos porque nos influencian en nuestras creencias y en nuestra manera de ser.

Aunque asistí a una escuela cristiana durante mi niñez, había mucho racismo y clasismo a mi alrededor. En consecuencia, vi cómo algunos recibían desprecio por su color de piel, además de observar actitudes prepotentes hacia otros por pertenecer a una clase social más baja. Recuerdo que en la escuela, a la hora del receso, algunas amigas con las que compartía no dejaban que cualquiera se sentara con nosotros; ellas ponían condiciones para que otros entraran en nuestro círculo social. Existían ciertos estándares, de manera que siempre fui muy consciente del concepto de aceptación y busqué cumplir los requisitos necesarios para formar parte del grupo. Desde una temprana edad se sembró en mí una pequeña semilla que con el tiempo fue formando una raíz de dependencia a la aceptación de los demás. Esa raíz fue creciendo y fortaleciéndose a medida que pasaba el tiempo, y cuando menos lo pensé ya se había convertido en un estilo de vida.

En nuestro deseo de ser aceptados, empezamos a regular nuestra forma de ser para encajar en el estereotipo de otras personas y demostrarles nuestro valor. Eso provoca una confusión de identidad y normalmente lleva a una gran inestabilidad en la mente de alguien; nos volvemos como el viento que va de aquí para allá. Dios me mostró que mi necesidad de ser aceptada creó un miedo al rechazo, y eso me causó inseguridades. Al no saber mi valor, constantemente necesitaba que alguien más me lo diera. Debido a esa mentalidad, trataba de moldearme a las opiniones y los estándares que estaban a mi alrededor; no era yo misma. Algunas veces por el deseo de ser aceptados por un grupo de personas equivocadas, sacrificamos nuestros valores y ponemos en riesgo nuestra identidad.

En la Biblia encontramos la historia de Daniel y sus tres amigos; ellos eran hebreos y miembros del linaje real de su pueblo. Cuando fueron llevados cautivos por Babilonia, el rey Nabucodonosor los llamó a su palacio. Allí sus nombres fueron cambiados; esto era un intento claro de involucrarlos en la cultura pagana de Babilonia. Sin embargo, Daniel sabía exactamente quién era y en Quién creía, y por eso *"se propuso no contaminarse con la comida y el vino del rey, así que le pidió al jefe de oficiales que no lo obligara a contaminarse"* (Daniel 1:8). Para Daniel era más importante su relación con Dios, y sus convicciones, que la aprobación de las personas.

Constantemente la sociedad y las malas amistades van a tratar de influenciarnos y meternos en la misma *caja* en la que ellos están, siguiendo las modas y los estereotipos aceptados por la mayoría. Como hijos de Dios no debemos tener miedo a ir contra la corriente y ser exactamente lo que Él nos ha llamado a ser. Romanos 12:2 dice: *"Y no adopten las costumbres de este mundo, sino transfórmense por medio de la renovación de su mente, sino sean transformados mediante la renovación de su mente. Así podrán comprobar cuál es la voluntad de Dios, buena, agradable y perfecta"*. Para conocer nuestra identidad es necesario sacar de nuestra mente todas las mentiras, ideas y comentarios del mundo; solo de esa forma nuestro entendimiento podrá ser renovado.

Ir en contra del molde puede hacer que la gente nos rechace, nos critique e intente hacernos sentir menos, y aunque eso no es agradable, debemos continuar firmes con Dios sin dejar que esas cosas nos afecten. Hay algo que mi mamá siempre me decía desde pequeña: "no porque te digan perro quiere decir que seas uno". No porque el mundo nos diga mentiras quiere decir que las tengamos que aceptar y creer. Las palabras de los demás tienen el poder y el efecto que nosotros les permitimos.

Dios es creativo; cada persona fue creada por Él de una forma distinta, con talentos y propósitos que solo se pueden cumplir obedeciendo Su Palabra. Tenemos que decidir si vamos a alimentar las voces de la gente o la voz de Dios. Esto determinará nuestra vida. No necesitamos la aprobación de nadie para saber quiénes somos; nuestra identidad como cristianos está en Dios y en Su amor y aceptación.

Noviazgo

Todos tenemos el deseo de ser amados y contar con una persona especial con quien compartir nuestras vidas. Admito que lo he deseado y he orado al respecto. El gran error en este asunto es pensar que eso nos hará sentir completamente felices. Todo esto surge de la idea de "la media naranja"; es decir, el concepto de encontrar a alguien que nos completa. Lo cierto es que nada ni nadie nos puede completar, solo puede ser un *complemento*.

Cuando veía que alguien trataba bien a una chica, llamándola hermosa, dándole flores, regalos y confesiones de amor, yo consideraba que ella estaba siendo aceptada y valorada. Al tener una raíz de rechazo, y no tener mi identidad en Dios, me sentía insegura, y por años puse demasiado peso en la opinión de los hombres sobre mí. Anhelaba tanto ser amada que en diferentes ocasiones permití que algunos chicos me trataran mal. Tenía un vacío dentro de mí y pensaba que se llenaría con el amor de una persona especial; temía alejar a aquellos que me daban la atención que tanto quería.

Muchas películas y canciones nos han vendido una idea del romanticismo que realmente no existe, y que al final nos lastima. Esto engaña a muchas chicas que entregan su corazón y su cuerpo de pareja en pareja, solo para terminar más solas y lastimadas de lo que ya estaban. Es parte de nuestra naturaleza querer compartir nuestra vida con otra persona, pero es necesario recordar que quien creó y diseñó el matrimonio fue Dios mismo. De manera que Él es quien nos puede mostrar nuestro rol en la pareja.

Dios tuvo que renovar mi manera de pensar respecto a lo que era el amor y de dónde lo obtendría. Mis malas decisiones amorosas no podían cambiar si mi mentalidad no cambiaba. Es más, ni siquiera podría comprender bien el amor de Dios o el de mi futuro esposo si mi entendimiento no era renovado.

Al orar más fervientemente por mi necesidad de ser amada, decidí tomarme un tiempo sin tener citas, con el fin de indagar más sobre el tema. Conforme pasaba el tiempo y conocía más a Dios, Él me fue mostrando el amor más grande que existe: el del Señor Jesús. Nunca nadie podrá amarme con la intensidad con la que Él lo hace. Ningún factor terrenal puede alejar a los creyentes del amor que Dios tiene por nosotros. Romanos 8:38-39 dice:

"Por lo cual estoy seguro de que ni la muerte, ni la vida, ni los ángeles, ni los principados, ni las potestades,
ni lo presente, ni lo por venir, ni lo alto, ni lo profundo,
ni ninguna otra cosa creada nos podrá separar del
amor que Dios nos ha mostrado en Cristo Jesús nuestro Señor".

Cuando aceptamos y entendemos el amor que Dios tiene por nosotros, nos damos cuenta de que estamos completos. El amor del Señor es profundo, bueno, perfecto, incondicional y eterno; no hay mejor amor que el amor de Dios. Él es nuestro Padre, consejero, amigo y consolador. Es nuestro todo.

Hoy en día veo el amor y el romance desde una perspectiva totalmente distinta a la que tenía en el pasado. Como cristianos debemos entender que el significado del amor no son los cosquilleos en el estómago, o un simple sentimiento, un cumplido o muchos regalos. Todas esas cosas son pasajeras, pero el amor verdadero no lo es.

"El amor es paciente y bondadoso; no es
envidioso ni jactancioso, no se envanece;
no hace nada impropio; no es egoísta ni se irrita;
no es rencoroso; no se alegra de la injusticia,
sino que se une a la alegría de la verdad.
Todo lo sufre, todo lo cree, todo lo espera,
todo lo soporta. El amor jamás dejará de existir.
En cambio, las profecías se acabarán,
las lenguas dejarán de hablarse,
y el conocimiento llegará a su fin"
1 Corintios 13:4-8

En el momento en que somos llenos del amor de Dios, ya no buscamos amor en una pareja para sentirnos completos o aceptados, sino para amar de la manera en que Dios dice que debemos amar. Ya no amamos a alguien buscando algo a cambio, sino para dar, servir, cuidar y respetar al otro hasta que la muerte nos separe. El amor que damos se convierte en un reflejo del amor de Dios por nosotros, y no en el reflejo de una emoción pasajera.

Medios de Comunicación

Vivimos en una época en la que los medios de comunicación son más fuertes que nunca. Esto hace que la presión por alcanzar las normas marcadas por la sociedad aumente de forma constante. Siempre nos dicen lo que debemos ser y lo que no. Venden la falsa idea de que podemos ser lo que queramos pero ponen estándares inalcanzables, incluso para ellos. Crean estereotipos para que las personas sientan la necesidad de cambiar en caso de que no los cumplan.

Si hay algo que podemos esperar de los medios es inestabilidad, y es ahí donde comienza el caos. Cambian cada cierto tiempo dependiendo de lo que esté de moda; por lo tanto, si basamos nuestra vida en la información que obtenemos de ellos, comenzaremos a tambalear y a cambiar nuestras ideas con cada *nueva ola* que aparezca.

A lo largo de la historia podemos ver las diferentes mentalidades y tendencias que han marcado a las generaciones. Por ejemplo, cuando yo estaba en la secundaria surgió la moda de ser *emo*. Ellos se tapaban parte de la cara con su cabello y algunos comenzaron a hacerse cortes en diferentes partes del cuerpo; su argumento era que se sentían incomprendidos y depresivos. Fue una epidemia que duró un par de años. En cualquier lugar era posible ver chicos con un look y una manera de pensar similar a los *emos*. Incluso, durante ese periodo de tiempo hubo algunas muertes relacionas con ese movimiento. No obstante, al pasar los años muchas de esas personas superaron esa etapa y volvieron a la normalidad.

Ese es solo un ejemplo de las ideas que los medios de comunicación promocionan; mentalidades que nos demuestran que la sociedad moderna no ofrece una verdad absoluta sobre la forma en que las personas debemos vivir y pensar. El cambio constante de nuestra cultura es un proceso que no nos favorece; todo lo contrario, nos perjudica y trata de llevarnos al extremo de nuestras emociones, haciendo que tomemos decisiones necias que pueden marcar el resto de nuestra existencia para mal. Con la locura que se promueve en los medios de comunicación, en el cine y en las redes sociales, ¿cómo podemos esperar algo estable y permanente?

Es vital que la Palabra de Dios sea la verdad sobre la que edificamos nuestra vida. Ella no cambia con los tiempos; siempre se mantiene firme. Es la fuente más confiable para entender nuestra identidad y encontrar nuestro propósito. No sé si alguna vez has escuchado acerca de la tentación de Cristo en el desierto (Mateo 4:1-11). Cada vez que Satanás vino a Él para tentarle le dijo: *"si eres Hijo de Dios...",* pero el Señor siempre le respondió citando las Escrituras: "*Escrito está...*". Jesús sabía Quién era y conocía qué decían las Escrituras. Él solo necesitaba la aceptación de Su Padre; solo la de Él y nadie más. El enemigo tratará de hacernos dudar sobre nuestra identidad en Cristo; por lo tanto, el fundamento de nuestra vida debe basarse solamente en la Palabra de Dios.

Es imposible callar las voces de la sociedad y de los medios de comunicación, pero como creyentes sí podemos hacerlas a un lado para no escuchar sus mentiras. Tú decides lo que ves en las redes sociales, a quiénes sigues y a quién quieres impresionar. La audiencia que elijas complacer se volverá tu estándar. Debes elegir si complaces a Dios o a la sociedad.

¿Cuál es tu Fundamento?

Cuando la base de nuestra vida no está en Dios, cualquier viento que aparece nos hace perder la estabilidad. Mateo 7:24-27 dice:

> *"A cualquiera que me oye estas palabras, y las pone en práctica, lo compararé a un hombre prudente, que edificó su casa sobre la roca. Cayó la lluvia, vinieron los ríos, y soplaron los vientos, y azotaron aquella casa, pero ésta no se vino abajo, porque estaba fundada sobre la roca. Por otro lado, a cualquiera que me oye estas palabras y no las pone en práctica, lo compararé a un hombre insensato, que edificó su casa sobre la arena. Cayó la lluvia, vinieron los ríos, y soplaron los vientos, y azotaron aquella casa, y ésta se vino abajo, y su ruina fue estrepitosa".*

Mi fundamento estaba sobre la arena (las opiniones y los estándares inconstantes de la sociedad); de manera que cualquier cosa me afectaba, me movía y me tumbaba. Tuve que analizar mi mentalidad y reemplazar falsas creencias por la verdad de Dios. Creo que hay personas que logran eso muy fácilmente, pero a otros nos toma un poco más de tiempo. Sin embargo, con paciencia y perseverancia es posible lograrlo.

Yo sabía de forma intelectual que mi valor venía de Dios y comprendía que mi principal deber era preocuparme por Su opinión y no la de los demás. El problema era que realmente no lo entendía de corazón; no había convicción en mi interior. Por más que intentaba permanecer firme, seguían viniendo vientos que me tambaleaban, aunque ya no tan fuerte como antes. Era una constante lucha.

Cuando la verdad de Dios es nuestra verdad, y cuando la obedecemos, nuestra vida está sobre la roca. Esto no quiere decir que las cosas serán fáciles, seguimos en el mundo y los ataques continuarán llegando, pero la diferencia es que a pesar de la fuerza de los vientos, nosotros no seremos derribados. Dios no cambia y su Palabra tampoco. Él nos llama sus hijos y nos da un valor eterno que no se basa en las cosas que pasan en el mundo. Por eso es importante conocer las verdades de Su palabra; solo de esa forma Él será nuestra roca y así permaneceremos firmes cuando vengan las dudas, los comentarios, los ataques y cualquier otra dificultad que podamos enfrentar.

No se trata solamente de tener toda la información correcta en nuestra cabeza, sino de establecer una relación con Dios para conocer Su verdad y comenzar a vivirla día a día. El primer paso es entregarle todo al Señor pero, como lo mencioné antes, ahí no termina todo; ese es solo el comienzo de la transformación. En ese momento empieza a cambiar el fundamento de nuestras vidas y nuestra mente comienza a ser renovada por medio de la verdad que encontramos en la Palabra de Dios.

07 | EL PODER DE LA MENTE

"LAS ARMAS CON LAS QUE LUCHAMOS NO SON LAS DE ESTE MUNDO, SINO LAS PODEROSAS ARMAS DE DIOS, CAPACES DE DESTRUIR FORTALEZAS Y DE DESBARATAR ARGUMENTOS Y TODA ALTIVEZ QUE SE LEVANTA CONTRA EL CONOCIMIENTO DE DIOS, Y DE LLEVAR CAUTIVO TODO PENSAMIENTO A LA OBEDIENCIA A CRISTO"

2 CORINTIOS 10: 4-5

07 | EL PODER DE LA MENTE

Existe una parábola china que los abuelos le suelen contar a sus nietos, en ella se dice que dos lobos, uno blanco y uno negro, viven dentro de cada ser humano luchando entre sí. El blanco representa la disciplina, la bondad, la seguridad, la alegría y todo aquello que es bueno. Por otra parte, el negro representa el miedo, el odio, el enojo, la inseguridad y todo aquello que es malo. Cuando los nietos le preguntan a sus abuelos cuál de los dos lobos gana, ellos responden que aquél al que alimentemos más. Aunque evidentemente esta historia no es cierta, creo que si es una excelente ilustración sobre la importancia de estar atentos a las cosas que alimentamos en nuestra vida, porque ellas determinan la manera en que vivimos.

Muchas veces no nos damos cuenta de cuán poderosa puede ser nuestra mente. Un pensamiento se puede convertir en una acción, después en un hábito y eventualmente en un estilo de vida. Un día encontré un video en las redes sociales acerca del impacto que puede tener en una persona alimentar el miedo, y pienso que allí se refleja exactamente lo que estoy tratando de decir. El video se trataba de un clavadista que estaba en el trampolín más alto a punto de saltar en una competencia. Junto a él, apareció un dibujo de una pequeña persona que llevaba el nombre de "Miedo". El miedo le empezaba a decir comentarios al clavadista como "¿qué va a pasar si te equivocas?"; "no lo vas a lograr"; "si fallas harás el ridículo", y otras palabras pesimistas. Cuanto más lo escuchaba el clavadista, más crecía esa pequeña persona llamada "Miedo", al punto de que ahora se veía como un gigante. Sin importar los comentarios que oía, el clavadista hizo a un lado a "Miedo" y decidió saltar, lo que provocó que este último se disolviera y el clavadista lograra un buen puntaje. Siempre tendremos la elección de decidir qué alimentamos en nuestras vidas. No es algo fácil, pero con la práctica se vuelve posible.

Como lo he mencionado anteriormente, el enemigo intentará desviarnos y confundirnos por medio de mentiras. Si no las identificamos, éstas se convertirán en nuestra realidad y producirán frutos terribles. Si crees que la vida no vale nada, eso se convierte en tu realidad, y esa "verdad" puede llevarte al suicidio. Si piensas que no eres atractivo y que nadie te hará caso nunca, probablemente te volverás inseguro y empezarás a aislarte de las personas. Lo que pensamos desempeña un rol muy importante en lo que vivimos. Quisiera citar otro versículo bíblico —ellos son los que abren mis ojos y me permiten ver y enfrentar las batallas diarias—, Filipenses 4:8: *"Por lo demás, hermanos, piensen en todo lo que es verdadero, en todo lo honesto, en todo lo justo, en todo lo puro, en todo lo amable, en todo lo que es digno de alabanza; si hay en ello alguna virtud, si hay algo que admirar, piensen en ello"*. No debemos aceptar todo lo que llega a nuestra mente, tenemos que analizar lo que pensamos y rechazar lo que no nos hace bien. Nuestra mente no debe controlarnos, nosotros debemos tener control sobre nuestros pensamientos. Algo práctico que me gusta hacer cuando pienso cosas que no son muy buenas, es cuestionar de dónde vienen esas ideas. Es decir, si estoy pensando demasiado en una situación que aún no ha pasado, me pregunto, "¿cuál es el propósito de pensar en esto?". Y la respuesta es: ninguno, porque todavía no ha ocurrido. Si tengo pensamientos de baja autoestima como "no eres todo lo que deberías ser", "tu cuerpo es imperfecto", o simplemente si siento ansiedad, me pregunto, "¿viene esto de Dios? ¿Es verdadero, justo, honesto y bondadoso?". Y la respuesta siempre es: no. Cuestionarme de esa forma me ayuda a identificar la fuente de mis pensamientos, y así descartar todo lo que no viene de Dios.

Hace un algún tiempo leí nuevamente un texto que —aunque lo había escuchado muchas veces— pude ver con nuevos ojos, comprendiendo por primera vez lo que realmente decía: *"Porque no nos ha dado Dios un espíritu de cobardía, sino de poder, de amor y de dominio propio"* (2 Timoteo 1:7). De

Dios no proviene el miedo, la inseguridad o la timidez. Él nos equipa con la capacidad de dominar nuestros cuerpos, pensamientos y acciones. Cuando comenzamos a cambiar nuestra forma de pensar, analizamos más las situaciones y pensamos en cosas que nos edifican, nuestra vida no vuelve a ser la misma.

Regresemos una vez más a Romanos 12:2: *"Y no adopten las costumbres de este mundo, sino transfórmense por medio de la renovación de su mente, para que comprueben cuál es la voluntad de Dios, lo que es bueno, agradable y perfecto"*. ¡La transformación comienza al renovar nuestra mente! Si nos moldeamos a cada mentira que escuchamos acerca de cómo debemos actuar y lo que tenemos que hacer con nuestra vida, nos llenaremos de cobardía y no viviremos de la forma en que Dios nos llamó a vivir. Admito que por mucho tiempo viví siendo una cobarde, temiendo ser realmente yo, y permitía que las normas sociales reinaran y dictaran mi manera de pensar y actuar.

El miedo es lo que constantemente me ha detenido en la vida. Por miedo no he tomado riesgos, he desperdiciado oportunidades; por miedo permití que la inseguridad y la ansiedad tomaran control de mi vida, y no he alzado la voz cuando ha sido necesario. El temor es una mentira que alimentamos, y con el tiempo se vuelve tan grande que comienza a moldearnos a su patrón. ¡Pero hay buenas noticias! ¡Dios venció al miedo, la oscuridad, el pecado, la muerte y las cadenas!

La Comparación, un Gran Enemigo

Juan 8:44 dice: *"Ustedes son de su padre el diablo, y quieren cumplir con los deseos de su padre, quien desde el principio ha sido un homicida. No se mantiene en la verdad, porque no hay verdad en él. Cuando habla mentira, habla de lo que le es propio; porque es mentiroso y padre de la mentira"*. Este versículo resume la identidad de Satanás. ¡Es un mentiroso! Tenemos que entender entonces que seremos atacados con espejismos creados por mentiras, los cuales, una vez alimentados, pueden paralizarnos.

Una de las mentiras con las que tenemos que aprender a luchar, con el fin de conquistarla, es la comparación. El enemigo intentará una y otra vez hacernos creer que no somos suficientes y que nos falta algo. Intentará que miremos a nuestro alrededor para que anhelemos ser una copia de las personas que admiramos. ¿Cuántas veces has observado la vida de alguien más y has deseado cambiar algo de la tuya para sentirte pleno y feliz? Por mucho tiempo viví de esa manera, mirando alrededor y comparando mi vida con la de otros. Creo que de haber podido, hubiera tomado todo lo que admiraba de las personas a mi alrededor para que esas cualidades fueran parte de mí. La comparación me llevaba a sentir y pensar que no era suficiente, y que debía estar al nivel de los demás para ser alguien y lograr algo. No podía ver mi valor porque siempre fui diferente a quienes me rodeaban, y creí durante mucho tiempo que había algo malo en mí. La comparación me había cegado.

Mirar a nuestro alrededor para comparamos con otros es un error verdaderamente grande, porque nunca seremos como alguien más. Tal como tú eres —cómo te ríes, tu cabello, tu color de piel—, cada aspecto de ti, incluso lo que ves como una imperfección, es lo que te hace único y especial. Creo que todos en algún momento nos hemos visto al espejo y hemos notado cosas que nos gustaría cambiar. No somos perfectos y no nos vemos como lo que consideramos "aceptable"; a veces lloramos e incluso nos quejamos ante Dios por la manera en la que nos creó, pensando que no somos atractivos o "bonitos". ¡He ahí la necesidad de renovar nuestra mente! Fuimos perfectamente creados, y aun lo que vemos como imperfecto fue parte del plan de Dios para nosotros. Tal vez pienses que eso no es verdad y que solo hablo por hablar, pero esa es la verdad.

Hace un tiempo charlaba con alguien que me preguntó si yo había sido creada de forma perfecta. Meditando mi respuesta, en mi mente empecé a contar todos los defectos que tenía y las cosas que veía en mí que me gustaría cambiar, pero antes de que yo respondiera, la persona me dijo: "sí; no te falta nada, tienes todos los órganos necesarios. Estás completa, estás creada perfectamente". Esto me hizo pensar en la perfección de la obra que Dios ha hecho en cada ser humano, en cada criatura, en absolutamente todo lo que está en el planeta, y cómo con el tiempo la humanidad ha creado estándares distintos a los de Dios, juzgando y dando una calificación de acuerdo a su propio criterio. Dios no nos creó para ser parte del estándar del mundo, por eso cuando sentimos que no encajamos nos estamos viendo a través del lente equivocado.

Moneda de Oro

Las dudas respecto a nuestro valor e identidad vienen de la necesidad de ser aceptados por los demás, porque ésta causa un miedo a ser rechazados y, en consecuencia, no nos permite disfrutar la forma en que Dios nos hizo. Tengo que admitir que ese era mi miedo más grande, aunque no era consciente de ello. Desde una temprana edad me volví insegura y dependiente de la aceptación de los demás. Cuando alguien me rechazaba, me sentía mal porque pensaba que no era suficiente o que había algo malo en mí. A pesar de que mis papás me decían de forma constante que yo no era *moneda de oro* para agradarles a todas las personas, me era difícil lidiar con el rechazo.

Hace algún tiempo leí algo —no recuerdo donde— que me trajo paz y entendimiento con respecto a una pregunta que me había hecho durante algunos años. La frase decía que la gente falsa le cae bien a todos, pero la real no. Los hipócritas no demuestran su verdadero rostro; son como camaleones que se adaptan de acuerdo a la situación y a las personas con las que comparten, todo con el fin de agradarles y "pertenecer". Cuando eres tú mismo no siempre le agradas a todo el mundo; si vas contra la corriente muchos no te aceptarán. Sin embargo, eso no debe desanimarnos. Algo que he aprendido, y continúo aprendiendo, es que todo lo que vemos como imperfecto o diferente en nosotros es lo que nos hace únicos y nos permite sobresalir.

Debemos desprendernos de la necesidad de ser esa *moneda de oro* que le agrada a todo el mundo, solo así podremos entender, comprender y abrazar quiénes somos. Hay muchos ejemplos que podría mencionar sobre esto, pero me gustaría contarte acerca de dos personas que la sociedad considera "imperfectas", pero su condición es precisamente la que los hace únicos. Ellos han hecho un impacto mucho mayor del que habrían logrado si fueran como los demás.

Lizzie Velázquez fue nombrada "la mujer más fea del mundo" en un video del 2006, debido a su condición única. Ella pudo haber dejado que ese rechazo de la sociedad la definiera y la derrumbara, pudo haberse deprimido por ese "nombramiento", pero decidió ser valiente y no avergonzarse de lo que era. Aunque estoy segura de que experimentó cosas muy difíciles, ella se levantó, alzó su voz y decidió vivir más allá de cualquier crítica o estándar dado por la sociedad. Hoy en día es escritora, ofrece charlas motivacionales y es reconocida en las redes sociales. Todo lo que la gente vio como una limitación fue usado por ella como una plataforma para hacer la diferencia.

Otro ejemplo de esta verdad es Nick Vujicic, quien nació sin piernas ni brazos. Al igual que Lizzie, él recibió burlas y fue menospreciado, pero eso no lo detuvo. Nick consideraba que su condición no lo hacía menos, y pensaba que no tenía que ser y verse como los demás para hacer la diferencia. Su gran llamado, su propósito, lo que haría un impacto en este mundo, era justamente esa unicidad que a los ojos del mundo lo hacía ver como un incapacitado, pero a través del lente de Dios fue su arma más fuerte. Hoy en día él está casado, tiene hijos, es escritor, actor, creador de dos organizaciones y de un ministerio, y da charlas alrededor del mundo.

Las personas fuera de los estereotipos son las que logran hacer la diferencia. En el momento en que no nos avergoncemos por ser diferentes podremos hacer cosas relevantes. Tenemos la idea errónea de que ser diferente es algo malo, cuando en realidad eso es lo que nos hace especiales. Nuestra identidad en Cristo nos permite ver cara a cara las mentiras del mundo —"no eres suficiente", "si fueras más bonito", "si tuvieras dinero", "si fueras más alto", "si fueras popular", "nadie te va a aceptar", "a nadie le importas", etc.— y desenmascararlas.

Una vez que Dios hace brillar Su luz sobre la mentira, la oscuridad se aleja y pierde poder sobre tu vida.

Solo una Voz Importa

Me frustra pensar que la gente presta su oído a los comentarios de los demás. Esto no nace de mi inmunidad a la crítica, sino por el efecto que ésta ha tenido en mi vida a lo largo de los años. Debido a eso, me gustaría poder ayudarte a evitar ciertos errores que cometí en el pasado en este aspecto. Estando ahora en el ojo público, he tenido que escuchar y leer una infinidad de comentarios sobre mi persona que jamás creí que serían parte de mi gran sueño. Ha sido un proceso en el que he tenido que aprender a identificar las voces que atacan, y enfrentar la crítica sin que afecte mi vida o la manera en la que me veo a mi misma.

Hay algo que puedo asegurar sin temor a equivocarme: las ofensas, las críticas y los comentarios nunca se van a acabar, no importa quién seas o qué hagas. ¿Por qué? Porque somos pecadores. Si analizamos las ocasiones en que nos han criticado en cualquier área de nuestra vida, podemos darnos cuenta que el “veneno” que nos avientan suele ser producto de la inseguridad, la amargura y la frustración que ellos sienten porque nosotros hacemos o vivimos algo que quisieran experimentar. Entender esto nos ayudará a no tomar de una forma tan personal los ataques que recibamos.

Como hemos comentado desde el principio, estamos en una guerra espiritual que, a pesar de ser invisible, muestra su existencia por medio de lo que ocurre en nuestras vidas. Efesios 6:10-18 nos habla de la armadura de Dios, y dice que el escudo con el que podemos apagar todos los ataques del enemigo es la fe. Nuestra espada es la Palabra de Dios; es decir, Su verdad. Es necesario creer las verdades que Dios nos ha revelado; Él es la verdad, el camino, la vida y la única luz que puede vencer la oscuridad.

Conocer la verdad de Dios es la clave para luchar ante cualquier oposición que se levante en nuestra contra. Sé que no es fácil ignorar la crítica porque es dolorosa y nos puede afectar emocionalmente, pero a medida que vamos aprendiendo a *bajarle el volumen* a las opiniones del mundo y *subirle el volumen* a la verdad de Dios, será más fácil sobrellevar los comentarios hostiles. A fin de cuentas, somos nosotros quienes permitimos que las palabras nos afecten. Por esa razón he hablado de la importancia de renovar tus pensamientos, y también de la trascendencia de conocer la verdad de Dios.

Cuando paso por momentos difíciles, —créeme que aún los paso— el enemigo puede venir a atacarme en diferentes áreas, pero siempre me aferro a la verdad. Me sostengo del conocimiento que tengo de Dios y recuerdo que Él está a mi lado; Él es quien pelea mis batallas. Dios siempre es constante, aunque el mundo y mis situaciones sean inconstantes.

Tú también debes poner tu confianza en Dios; Él es quien nos hace libres de la inseguridad causada por los comentarios de los demás; comentarios que algunas veces se aferran a nuestra alma. Solo en la Biblia —la Palabra de Dios— encontraremos esa libertad. Ella es nuestra dirección y guía.

Siempre habrá voces contrarias, la crítica será constante, y el rechazo llegará con regularidad a nuestro corazón, pero nosotros elegimos cuáles voces vamos a escuchar y alimentar; nosotros decidimos si vamos a escuchar la voz de Dios —creyendo y viviendo lo que Él dice—, o elegimos ir junto a las olas del mundo que nos lanzan palabras como dardos. Solo tenemos una vida, y tenemos en nuestras manos el poder de decidir cuál camino queremos seguir. No sobra mencionar que cualquiera de los dos caminos que tomemos nos llevará a destinos distintos.

Para recordar:

1. Dios dio todo por Su pueblo; Él ya venció el pecado y nos ha ofrecido libertad (Juan 3:16-17).
2. Su amor es para siempre, nada nos puede separar de Él (Romanos 8:38-39).
3. Si has creído en Cristo, eres un hijo de Dios. ¿Qué significa eso? (Romanos 8:16-17; Efesios 1:5).
4. La persona que eres, como creación de Dios, es suficiente; ni más ni menos. Eres una perfecta creación de un Dios perfecto (Salmo 139:13-14; Génesis 1:26-28).
5. Tu seguridad, identidad y propósito se encuentran en Aquel que te dio la vida, no en la opinión de los demás. El mundo no te puede quitar lo que no te dio (Salmo 138:8).
6. No necesitas ser fuerte por ti mismo. El poder de Dios es perfeccionado en nuestra debilidad (2 Corintios 12:9-10).
7. Ante cualquier situación, mantente tranquilo y recuerda quién es Dios (Salmo 46:10).

8. Aunque las cosas que has pedido tomen tiempo, eso no quiere decir que no vayan a suceder o que Dios no esté escuchando tus oraciones (Isaías 55:8-9).
9. Dios está ahí; Él es real. Solo tienes que acercarte a Él en Cristo. Dios sabe quién eres. ¡Búscalo y acércate a Él! (Santiago 4:8).
10. Puedes vencer las dificultades por la gracia y el poder de Dios (Filipenses 4:13).
11. Tu existencia no es un accidente. Nada en tu vida es una coincidencia, aun lo que no entiendes. Fuiste hecho por Dios (Efesios 2:10)
12. Como creyente, Dios no te ha dado un espíritu de miedo, cobardía o timidez, sino de amor, poder y dominio propio (2 Timoteo 1:7).

Cuando crees en Cristo y te arrepientes, Él te hace Su hijo. ¡Esa es tu identidad!, y no todas las etiquetas que el mundo te quiere dar.

08 | ADMITIRLO ES EL PRIMER PASO

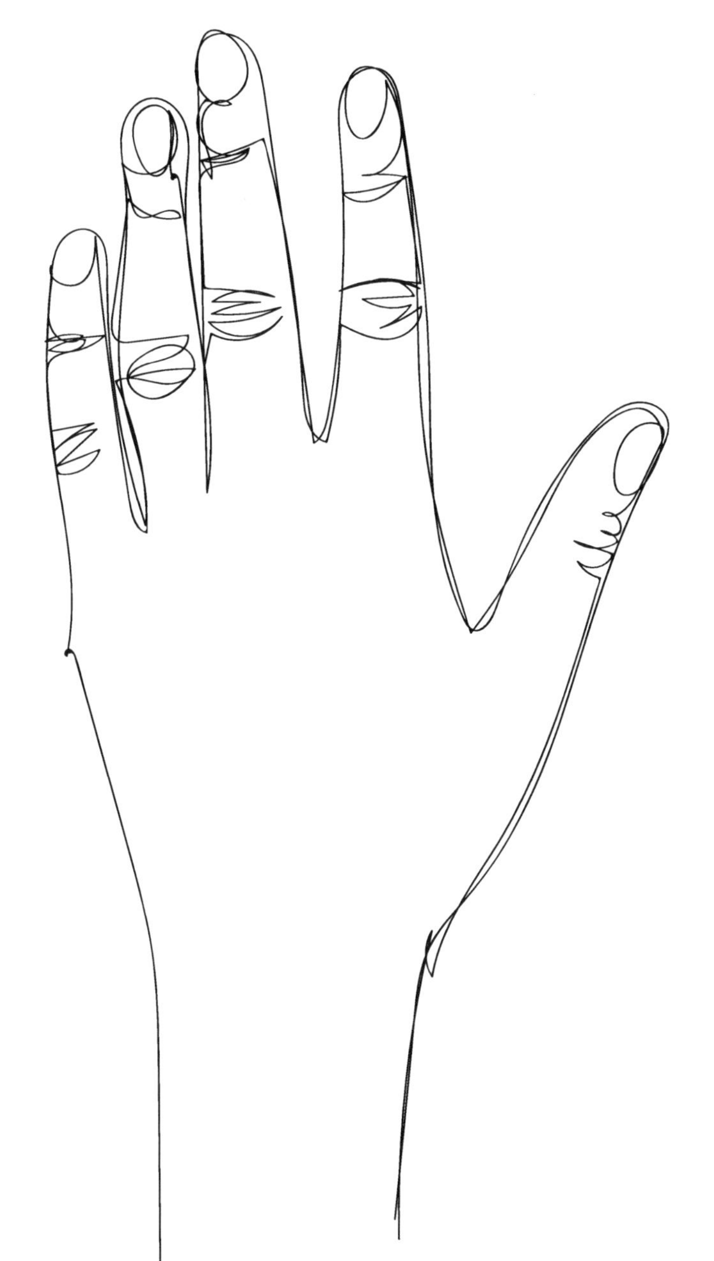

"DE IGUAL MANERA, EL ESPÍRITU NOS AYUDA EN NUESTRA DEBILIDAD, PUES NO SABEMOS QUÉ NOS CONVIENE PEDIR, PERO EL ESPÍRITU MISMO INTERCEDE POR NOSOTROS CON GEMIDOS INDECIBLES"

ROMANOS 8:26

08 | ADMITIRLO ES EL PRIMER PASO

Hasta ahora hemos tratado temas importantes como la creación, la vida espiritual y las mentiras de la sociedad. Además, te he compartido parte de mi historia personal, iniciando en mi punto más bajo hasta llegar al momento en que Dios me llamó a Su camino. Pero, ¿cómo llegué a dónde estoy ahora? ¿Cómo encontré ese llamado y propósito para mí? Y sobre todo, ¿es posible que tú apliques estas cosas a tu propia vida?

Mi intención al compartir lo que he vivido y aprendido, no es solo mencionar una historia bonita —diciendo muchos consejos y palabras motivacionales— acerca de cómo Dios me salvó y me dio un propósito; mi anhelo es poder ayudarte a vivir de forma diferente.

Es importante entender que este no es un libro que transformará tu vida una vez concluyas su lectura. Acá no encontrarás secretos para lograr eso. Vivir el diseño original de Dios y Su propósito consiste en tomar acciones y decisiones todos los días. No es algo que ocurre en un instante, se trata de perseverar a lo largo del camino. En los siguientes tres capítulos hablaremos de lo que tú puedes hacer, lo que sigue en tu propia jornada y cómo puedes permanecer en la buena senda una vez comiences a recorrerla.

Es posible que al avanzar en la lectura hayas pensado en cuántas veces te has equivocado a lo largo de los años, y tal vez te desanimes porque consideras que ya es tarde para cambiar, pero quiero motivarte para que creas en tu mente y en tu corazón que sí es posible comenzar de cero. No se trata de lograr la perfección, sino de confiar en Jesús; Él es quien nos capacita para hacer las cosas. Además, no debemos olvidar que este un proceso que durará el resto de nuestra vida. La historia de cada uno se continúa escribiendo día a día, pero las determinaciones del presente son las que van marcando el rumbo que seguiremos.

Todos pasamos por situaciones difíciles y momentos confusos, el asunto es que en lugar de reconocer que estamos en medio de muchos problemas, tratamos de tapar el sol con un dedo. En ocasiones vamos por la vida fingiendo que todo está bien, que sabemos lo que hacemos, que la vida es bella y perfecta, y ponemos nuestra mejor cara. No estoy diciendo que no intentemos ser positivos, porque siempre hay que serlo, pero debemos reconocer que nuestra vida no es perfecta.

Algo que tuve que aprender para avanzar en mi proceso fue admitir mi dolor, mis errores y las heridas que había en mi corazón. Todo el daño que experimentamos y cada situación que vivimos afectan nuestro interior. Es como hacernos una cortada en el pie; nuestro cuerpo no vuelve a ser el mismo, él se modifica y se adapta a la herida, e incluso nos hace caminar distinto. Lo mismo ocurre con alguien que pierde alguna parte de su cuerpo; esa persona debe aprender a hacer las cosas de una manera diferente.

El interior del ser humano no vuelve a ser el mismo cuando algo lo lastima o lo marca; un cambio se produce dentro de nosotros y nos adaptamos a lo que ocurrió. Conforme pasa el tiempo, ponemos curitas sobre las heridas para no caernos a pedazos y poder continuar viviendo. El problema con eso es que las heridas profundas no se arreglan con un curita, y éstas se hacen cada vez más grandes con el paso del tiempo haciendo que la situación empeore. No te hace débil reconocer que te han lastimado y que hay heridas dentro de ti; no te hace débil reconocer que necesitas a Dios para que tu vida cambie.

No Hay Lugar Para el Orgullo

No es posible cambiar, avanzar y reconocer errores si hay orgullo en nuestro interior. Es difícil admitir que nos equivocamos o que necesitamos cambiar algo en nuestras vidas, porque a todos nos gusta sentir que estamos en lo correcto. Una de las razones por las que deseaba alcanzar mis sueños y me aferraba a la idea de ser famosa era el orgullo. Me cerré a cualquier otra idea y pensaba que ese era mi único propósito. "*¿Qué dirá la gente si no lo logro? He dicho esto toda mi vida; tengo que hacerlo*", pensaba. Había altivez dentro de mí y no admitía que posiblemente estaba equivocada. No quería examinarme a mí misma y reconocer que mis métodos no eran los más eficientes. También fui orgullosa al ver mi carácter y no reconocer que podía hacer cambios para ser mejor. El orgullo no me dejaba admitir que tal vez mis decisiones no habían sido las más sabias.

Para encontrarnos a nosotros mismos y encontrar nuestra identidad, es necesario reconocer que podemos equivocarnos en varios aspectos. Cometer errores nos ayuda a aprender, lo importante es no acostumbrarnos a caer en ellos y estar atentos a las áreas con las que batallamos para poder mejorar y salir adelante. Una de las cosas hermosas de creer en Cristo es que Él no espera perfección de nosotros para usarnos. Jesús nos acepta a pesar de nuestros defectos, y Él mismo trabaja en nuestras debilidades y nos ayuda en medio de ellas. 2 Corintios 12:9-10 dice:

"Pero él [Dios] me dijo: 'Te basta con mi gracia, pues mi
poder se perfecciona en la debilidad'. Por lo tanto,
gustosamente haré más bien alarde de mis debilidades,
para que permanezca sobre mí el poder de Cristo.
Por eso me regocijo en debilidades, insultos, privaciones,
persecuciones y dificultades que sufro por Cristo;
porque, cuando soy débil, entonces soy fuerte".

Este versículo siempre me consuela cuando siento que no soy lo suficientemente fuerte. Cuando la adversidad llega a mi vida, esta verdad me recuerda que a pesar de ser débil e incapaz de hacer las cosas por mis propios medios, mi fortaleza se encuentra en Cristo. Lo importante es identificar el problema, saber qué está fallando, reconocerlo y buscar la ayuda de Dios para enmendarlo. En ninguna parte de la Biblia se nos dice que tenemos que solucionar o hacer las cosas por nuestra cuenta. De manera que si te sientes indigno de acercarte a Dios, viendo todas las áreas en las que eres imperfecto y por las cuales no podrías ser usado por Él, esa es una buena señal de que **necesitas** venir al Señor para buscar Su perdón y Su amparo.

¿Cuál es el valor de X?

Hay una expresión que se usa mucho en el ámbito cristiano: "es necesario morir a nosotros mismos". La frase tiene como base lo que Jesús dijo en Mateo 16:24. Esto no significa morir de forma literal, pero una vez entendamos qué quiere decir Cristo con estas palabras, nos daremos cuenta de cuán profundas son. Morir a uno mismo significa sacrificio, el tipo de sacrificio que rinde su voluntad, su ego, su orgullo, sus planes y absolutamente todo con tal de seguir o someterse a alguien más. Jesús es el que nos pide morir y negarnos a nosotros mismos para poderlo seguir. Cuando lo hacemos, Él nos indica el camino que debemos recorrer, el destino establecido para nuestras vidas.

Con honestidad te puedo decir que tuve que morir a mí para comenzar a vivir; tuve que dejar de sentir que yo era el centro del universo y que todo se trataba de mí, de lo que quería y soñaba; tuve que morir a mi planes, deseos e incluso a mis fracasos. Suena un poco extremo, lo sé, pero al hacer esto Dios empezó a construir en mi interior y a reparar lo que se había roto, abriendo de paso el camino para lo que Él realmente tenía para mí.

Por miedo a la incertidumbre, es difícil morir a nosotros mismos; no queremos soltar las riendas de nuestra vida y creemos que es más fácil crear un plan tangible que podamos seguir, sabiendo exactamente qué estamos haciendo y hacia dónde vamos. Eso impide que podamos obedecer completamente la voluntad de Dios, porque no queremos soltar el control. El Señor nos pide que rindamos ante Él lo que anhelamos porque nuestros planes no siempre son los mismos que los Suyos.

Soy una persona soñadora, esto no lo digo a la ligera. Desde pequeña tenía cuadernos y cuadernos llenos de ideas y metas por cumplir. Hasta el día de hoy continúo teniendo esos anhelos y metas, que me propongo cada año, e incluso tengo una lista de *sueños locos* que algún día me gustaría lograr. La diferencia es que antes escribía mi historia como si yo realmente tuviera el control de mi vida. No había lugar para los planes de Dios en mi mente porque ni siquiera consideraba que eso fuera un factor importante. Escribía lo que quería y esperaba que Dios me lo concediera, punto.

Santiago 4:13-15 dice: "*Ahora escuchen con cuidado, ustedes los que dicen: Hoy o mañana iremos a tal o cual ciudad, y estaremos allá un año, y haremos negocios, y ganaremos dinero. ¡Si ni siquiera saben cómo será el día de mañana! ¿Y qué es la vida de ustedes? Es como la neblina, que en un momento aparece, y luego se evapora. Lo que deben decir es: Si el Señor quiere, viviremos y haremos esto o aquello*".

Es muy importante entender que debemos cambiar nuestra manera de pensar, porque nuestra existencia debe estar centrada completamente en Cristo. Debemos vivir para Dios. Él es el autor de la vida; Él sabe por qué estás en este mundo. No te aferres a tu propio plan, pídele al Señor que te muestre Su voluntad.

Si realmente tienes el deseo de encontrar tu identidad y propósito, primero tienes que encontrar a Dios. Las matemáticas no son mi fuerte, pero recuerdo bien las ecuaciones. En la escuela nos enseñaban a encontrar el valor de "X", y para hallarlo nos daban el valor de otro elemento de la ecuación para partir desde ahí. Algunos problemas más complejos no proporcionaban el valor de ningún elemento, pero la tarea seguía siendo la misma. Cuando eso ocurría, los pasos para encontrar el valor de "X" cambiaban. Primero teníamos que hallar el valor de algún otro elemento de la ecuación para después descubrir los restantes. Creo que en nuestro caminar diario ocurre algo parecido. No podemos saltar etapas o situaciones sin primero solucionar lo que tenemos frente a nosotros. Muchas veces tratamos de resolver la *ecuación* de nuestra vida empezando en nosotros mismos y yendo después a Dios, pero la forma correcta de obtener la respuesta es encontrar primero a Dios, y después de eso ocuparnos de las *variables* de nuestra existencia.

Aliento de Dios

El principal motivo por el cual enfatizo la importancia de leer la Biblia es porque en ella vemos el carácter de Dios, aprendemos quién es Él, conocemos Su esencia, Su forma de hacer las cosas, la manera en que se relaciona con Su creación y los planes que tiene para Sus hijos. Hay algo que siempre digo y continuaré diciendo: no podemos confiar en alguien que no conocemos. La razón por la que muchas veces no le entregamos todo a Dios es porque la incertidumbre dentro de nosotros acerca del futuro nos impide hacerlo. Cuando entendemos que Él es bueno y quiere lo mejor para nosotros, aprendemos a soltar las cosas y confiar más en Él.

Hace un tiempo viajé en camión desde San Antonio, Texas, para visitar a una amiga. Me senté junto a la ventana para observar hacia fuera durante el recorrido. Todo el camino estaba lleno de ranchos, sembradíos y animales —era Texas al fin y al cabo—. Durante mi tiempo observando por la ventana, no pude evitar asombrarme al contemplar la creación de Dios, Su creatividad y perfección en cada detalle. Era como ver una parte de Él en Su creación. Esto me hizo pensar en Sus atributos y en como Él también nos dio a nosotros la capacidad de crear; no podemos crear vida, por supuesto, pero sí podemos hacer algo nuevo a partir de lo que el Señor puso a nuestra disposición.

En Génesis 2:7 leemos: *"Entonces, del polvo de la tierra Dios el Señor formó al hombre, e infundió en su nariz aliento de vida. Así el hombre se convirtió en un ser con vida"*. Hay una canción bastante reconocida que dice: "es tu aliento en mi ser, te alabamos a Ti solo a Ti, es tu aliento en mi ser". Yo la había escuchado antes, pero un día hizo *clic* en mi cabeza que el aliento de Dios estaba en mí, y por esa razón estaba viva. Entendí que dependo absolutamente de Dios, que fue Él quien me dio la vida y que mi existencia no es casualidad. Comprendí de una manera sobrenatural lo que significaba cada respirar y cada latido de mi corazón. En el Salmo 139, versículos 13 y 14, David explica esto muy bien: "*Tú, Señor, diste forma a mis entrañas; ¡tú me formaste en el vientre de mi madre! Te alabo porque tus obras son formidables, porque todo lo que haces es maravilloso. ¡De esto estoy plenamente convencido!*". Hay otros pasajes similares en la Biblia que nos muestran que Dios conoce a Su creación personalmente y todo lo crea con un propósito.

Beneficios Sin Compromiso

Estoy casi segura de que has escuchado la frase "amigos con beneficios", y si no es así, déjame explicarlo de la manera más sencilla. Un amigo con beneficios no tiene un compromiso, pero tiene los "beneficios" íntimos que deben ser exclusivos de una pareja de esposos. Esto usualmente lo hacen aquellos que solo quieren obtener algo para ellos mismos, sin tener un interés verdadero en la otra persona, por eso no se comprometen en una relación estable y monógama.

Es triste saber que algunos cristianos piensan que pueden relacionarse con Dios de una forma similar. Ellos no quieren comprometerse con Él, pero sí desean los beneficios que van de la mano con una vida piadosa. No puedes encontrar tu identidad o propósito sin rendir todo a Dios, porque Él es el elemento clave y absolutamente necesario de nuestra *ecuación*.

En la iglesia a la que asisto, hace algún tiempo tuvieron como invitado al misionero Jim McCann. Ese día él contó su testimonio. Hubo una parte de su historia que me marcó mucho porque me identifiqué con lo que él estaba diciendo, y creo que tú también lo harás.

Obedecer a Dios no siempre es fácil, porque en algunas ocasiones parece que todo está empeorando y nada tiene sentido. Somos idealistas y quisiéramos que nuestra vida fuera perfecta, por eso se nos dificulta confiar en Dios cuando el rumbo cambia. Jim compartió que durante un momento muy difícil en su vida, donde todo parecía un caos, él en oración le hizo un reclamo a Dios diciendo: "pensé que cumplirías los deseos de mi corazón", y en su interior sintió que Dios respondió: "pensé que tus deseos giraban alrededor de mis deseos".

Nuestra visión usualmente está empañada y distorsionada por nuestros propios anhelos; a través de ese *lente* jamás lograremos entender los planes de Dios. Cuando tú y yo nos alineamos a Él, nuestra forma de ver las cosas se empieza a aclarar y comenzamos a percibir todo de una forma distinta. Personalmente creo que Dios sí quiere bendecirte y sí quiere conceder tus peticiones, pero primero te pide una entrega total. Eso es lo que yo he experimentado. Cuando rindes tus sueños a Dios y mueres a ti mismo no pierdes tus anhelos; al contrario, ganas el mayor propósito que te pudieras imaginar.

Por mucho tiempo oré pidiéndole a Dios que hiciera Su voluntad en mi vida, pero realmente quería que se hiciera mi voluntad; pensaba —tal vez de forma inconsciente— que si decía las palabras correctas, Dios me daría lo que deseaba. Podemos engañar a muchos, incluso a nosotros mismos, pero nunca a Dios. Debemos rendirle toda nuestra vida a Él, solo de esa forma conoceremos Su voluntad para nosotros. No somos autosuficientes y necesitamos de Dios y Su dirección. ¿Lo sabes todo? Dios sí. ¿Tienes capacidad para hacer todo? Dios hace que lo imposible sea posible. ¿Puedes determinar tu vida o la de los demás? Dios es el autor de la vida. No podemos hacer nada fuera de Él. Juan 15:5 dice: *"Yo soy la vid y ustedes los pámpanos; el que permanece en mí, y yo en él, éste lleva mucho fruto; porque separados de mí ustedes nada pueden hacer".*

Como lo mencioné en el capítulo 4, en mi ignorancia y limitación creía que si le entregaba todo a Dios entonces no lograría nada. Desde pequeña siempre fui soñadora y deseaba obtener ciertos logros; tenía tantas metas que no era una opción dejarlo todo para ser cristiana. No podía estar más equivocada.

Los estereotipos sobre Dios, la iglesia y el cristianismo son exactamente eso, estereotipos, no son verdad. Según Wikipedia, los estereotipos están "basados en prejuicios que la sociedad establece conforme a su ideología de 'modelo a seguir', en conducta o características físicas. Estos van cambiando conforme el paso del tiempo". En el momento en que me rendí a Dios y le entregué incluso mis estereotipos, Él me mostró una perspectiva mil veces mayor, en la que Su plan también incluía mi talento frente a las cámaras pero con un enfoque distinto. Además, me mostró que tenía el don para enseñar. El Señor me enseñó cómo podía usar mis dones y talentos de una manera más grande, impactante y trascendente de lo que yo me hubiera podido imaginar.

Uno de mis versículos favoritos es Mateo 6:33: *"Por lo tanto, busquen primeramente el reino de Dios y su justicia, y todas estas cosas les serán añadidas".* Dios nos dice una y otra vez que primero pongamos nuestra mirada en Él, y que todo lo demás debe estar en segundo lugar. Primero se trata de Dios, y después de Dios; siempre se trata de Dios. Debemos buscarlo a Él como la absoluta prioridad, para rendirle nuestra vida diariamente, y todo lo demás fluye. El propósito del Señor para tu vida y para la mía no es momentáneo, sino eterno. En eso radica la importancia de buscar primero a Dios, Su Palabra, Su reino y Su voluntad, y todo lo demás vendrá por añadidura.

El llamado de Dios no es para cobardes ni para flojos. Seguir al Señor requiere valentía y dedicación, y también involucra sacrificio. Llegarán momentos difíciles donde tendremos que tomar la decisión de seguir caminando hacia delante, sin importar las preguntas u obstáculos que encontremos en el camino. Vivir el propósito de Dios requiere una rendición total de nuestras vidas, requiere buscarlo a Él antes que cualquier otra cosa. No solo es cambiar lo que pensamos sobre nosotros mismos, sino lo que pensamos acerca de Dios. Es necesario renovar nuestro entendimiento acerca de quién es Dios; esa es la única manera de confiar en Él plenamente.

Al renovar mi forma de pensar sobre Dios, me di cuenta de que cada talento, deseo y sueño que había dentro de mí había sido puesto por Él para hacerme quien soy, con el fin de cumplir el propósito que Él estableció sobre mi vida. Antes de eso, yo siempre fui en la dirección opuesta.

¿Hacia dónde estás yendo tú?

Toma la Decisión

Si al leer todo esto te das cuenta de que sigues aferrándote a llevar las riendas de tu vida, o que nunca has creído en Jesús como tu salvador, quiero invitarte a que ores con sinceridad buscando Su perdón. No importa si llevas años en la iglesia, o si antes has hecho oraciones parecidas, si con toda honestidad y sinceridad deseas arrepentirte, no te quedes callado.

Quisiera invitarte a que hicieras una oración similar a la siguiente:

"Dios, te pido perdón por mis pecados, por mis ofensas y por haberme alejado de Ti. Perdóname por las formas en que te he fallado, y por no haberte dado el lugar que mereces en mi vida. Creo en Ti, creo que enviaste a tu Hijo Jesús a la tierra para morir por mis pecados y resucitar. Te confieso como mi Dios y mi Salvador. Toma mi vida y haz lo que te plazca con ella. Te entrego todo lo que soy, mi pasado, presente y futuro. Guíame de ahora en adelante para poder seguir tus pasos y vivir bajo tu voluntad y propósito. En el nombre de Jesús, amén".

Versículos a estudiar:

Romanos 8:1-3

Romanos 8:28

Romanos 8:38-39

Romanos 10:9-10

Canciones recomendadas:

	Canción	Duración
▶	**Confía en mí** Santiago Benavides	3:41
2	King of the World Natalie Grant	3:36
3	Calma Ricardo Rodríguez	3:40
4	Won't He do it Koryn Hawthorne	3:31

0:00 3:41

09 | DE LO ORDINARIO A LO EXTRAORDINARIO

"CLAMA A MÍ, Y YO TE RESPONDERÉ,

Y TE ENSEÑARÉ COSAS GRANDES

Y OCULTAS QUE TÚ NO CONOCES"

JEREMÍAS 33:3

09 | DE LO ORDINARIO A LO EXTRAORDINARIO

Nuestras vidas cambian radicalmente después de que somos salvos. Llega un día que marca nuestra historia, un encuentro sobrenatural que transforma nuestro rumbo —se hace evidente un "antes de Cristo" y un "después de Cristo". Es posible que el tuyo haya ocurrido hace poco o tal vez aún no ha sucedido. Sin embargo, sin importar en qué parte de tu jornada te encuentres, hay una verdad que aplica para todos: las distracciones siempre llegarán para tratar de **desenfocarnos** y hacernos olvidar las cosas que **realmente importan.**

No sé si recuerdas que al comienzo del libro usé la historia de el patito feo para explicar la importancia de la identidad. Ahora quiero tomar el mismo ejemplo como referencia para explicar las dos versiones de vida que existen en la historia de cada persona. El patito, al no saber quién era realmente, no conocía su verdadera identidad. En consecuencia, él vivía frustrado; su principal preocupación era pertenecer y ser aceptado por los de su alrededor, incluso su propia familia. Esa era una versión de su vida, esa fue su realidad por muchos años, pero todo cambió el día que encontró a su verdadera familia. A partir de ahí comenzó una jornada que lo llevó a entender su propósito. La vida que empezó a vivir no se comparaba en lo absoluto con la que llevaba antes de conocer su identidad, pero para que eso ocurriera él tuvo que descubrir la verdad y reenfocar su perspectiva.

Antes de conocer a Dios, tú y yo vivimos una parte de nuestra historia en la que el enemigo nos mantenía enredados y preocupados por las cosas comunes y ordinarias; no podíamos ver lo extraordinario que el Señor tenía para nosotros. Sin la luz de Dios en nuestras vidas somos consumidos por todo lo temporal y estamos cegados; no podemos ver más allá. Juan 10:10 dice: "*El ladrón no viene sino para hurtar, matar y destruir; yo [Cristo] he venido para que tengan vida, y para que la tengan en abundancia*". En este texto vemos lo que Satanás hace, pero también vemos que Jesús vino a darnos vida.

Cuando el Señor nos salva aprendemos a ver lo que está más allá de nuestros ojos; sin embargo, nuestro pecado hace que esta sea una labor difícil, incluso después de que conocemos a Cristo. A veces sentimos que Dios nos llama a hacer algo de forma específica, pero nos atoramos en pensamientos destructivos que nos recuerdan nuestros pecados, a pesar de que Jesús ya murió por ellos. Nos intimidamos por estándares y comentarios insignificantes, y no le damos el valor suficiente a lo que Dios ya ha dicho acerca de nosotros.

En Mateo 16 leemos que Jesús estaba discutiendo con los fariseos mientras los apóstoles escuchaban, y en los versículos 5 al 7 leemos: "*Los discípulos llegaron al otro lado, pero se olvidaron de llevar pan. En eso, Jesús les dijo: 'Abran los ojos y cuídense de la levadura de los fariseos y de los saduceos'. Ellos comentaban entre sí: 'Dice esto porque no trajimos pan'*". Jesús usó una metáfora para enseñarles algo, pero debido a que ellos tenían su mirada en lo ordinario no lograban entender lo extraordinario. "*Pero Jesús se dio cuenta y les dijo: «Hombres de poca fe. ¿Por qué discuten entre ustedes que no tienen pan? ¿Todavía no entienden, ni se acuerdan de los cinco panes entre cinco mil hombres, y cuántas cestas recogieron? ¿Ni de los siete panes entre cuatro mil, y cuántas canastas recogieron? ¿Cómo es que no entienden? Si les dije que se cuidaran de la levadura de los fariseos y de los saduceos, no fue por el pan». Entonces ellos entendieron que no les había dicho que se cuidaran de la levadura del pan, sino de las enseñanzas de los fariseos y de los saduceos*" (vs. 8-12). ¿Cuántas veces Dios nos ha dicho algo pero nuestro enfoque en lo ordinario no permite que lo comprendamos?

Una de las razones por las que batallé tanto tiempo para rendir mis sueños a Dios era porque mi mirada estaba en la fama, la aceptación, el éxito y muchas cosas más que no tienen valor alguno. Eso me cegaba y no me permitía ver que Dios quería usar mi vida de una manera extraordinaria, dándome un propósito centrado en Su reino y en la eternidad. En el momento en que dejé mis afanes terrenales pude poner mi mirada en el Señor, y de esa forma entendí que Él tenía planes inimaginables.

La Gran Comisión

Cuando creemos en Cristo y nos arrepentimos, Él nos ayuda a mover nuestra mirada de lo terrenal a lo eterno. Por esa razón uno de mis versículos favoritos es Mateo 6:33: *"Mas buscad primeramente el reino de Dios y su justicia, y todas estas cosas os serán añadidas"*. Esta es una verdad que aplica en todas las áreas de la vida.

Muchas veces buscamos nuestro propósito con el fin de ser promovidos, satisfacer nuestro orgullo o tener influencia, pero si esa es nuestra motivación Dios no nos revelará Su plan. Vivir con propósito significa vivir bajo Su voluntad. Santiago 4:3 dice: "*y cuando piden algo, no lo reciben porque lo piden con malas intenciones, para gastarlo en sus propios placeres*". **Tu propósito no es tuyo, es el propósito de Dios en tu vida.** En ningún momento se trata de lo que nosotros obtendremos, sino del privilegio de ser parte de la gran historia de Dios y Su reino. Propósito no significa que tienes que estar en una plataforma, ser millonario o ser exitoso en términos humanos. El propósito se vive de maneras diferentes.

Como puedes ver, es necesario pasar por procesos y ajustar la manera en la que vemos y entendemos nuestra realidad. La palabra "propósito" ha causado aflicción en la vida de muchas personas porque ellas han puesto su valor e identidad en un "llamado maravilloso" que cambiará el resto de su historia. Pero precisamente lo opuesto es lo que es verdad: tu propósito no es lo que revela tu identidad, sino que en tu identidad encuentras tu propósito. Todo fluye cuando comprendemos que el acto maravilloso que cambió la historia fue la muerte, y la resurrección, de Jesús, y al confesarlo a Él como Dios somos salvos y nos convertimos en hijos adoptivos de Dios. Entender esa identidad es lo que nos llevará a encontrar nuestro propósito.

Anteriormente mencioné que somos atacados con las cosas ordinarias, las cuales ciegan nuestra visión. En la palabra de Dios dice que el primer y más grande mandamiento es amar al Señor con todo nuestro ser y sobre todas las cosas (Mateo 22:36-37), y cuando eso ocurre, cuando le buscamos a Él primero tal como leímos en Mateo 6:33, todo lo demás nos será añadido. Si ponemos a Dios como prioridad en nuestras vidas quitaremos las barreras de lo ordinario y podremos avanzar. En mi propia historia esto es algo muy evidente. Mi mente estaba cegada por luchas, errores y expectativas equivocadas, pero cuando el Señor me salvó y me ayudó a priorizar las cosas eternas sobre las terrenales, entonces logré entender el llamado que Él nos hace como creyentes.

Jesús vino a esta tierra para morir por los pecados de Su pueblo y darnos vida eterna. Lo único que debemos hacer para recibir la salvación es arrepentirnos de nuestros pecados, creer en Él y confesarlo como Rey, tal como lo explica Romanos 10:9-10: "*Si confiesas con tu boca que Jesús es el Señor, y crees en tu corazón que Dios lo levantó de los muertos, serás salvo. Porque con el corazón se cree para alcanzar la justicia, pero con la boca se confiesa para alcanzar la salvación*". Estas son las buenas nuevas. No tenemos que ser condenados por nuestro pecado; Alguien más tomó nuestro lugar y en Él hay redención y esperanza.

Dios desea que **todos** en el mundo conozcan esta gran noticia, no solamente tú y yo. Él quiere restaurar a su forma original aquello que se corrompió por la desobediencia del hombre en Edén. Romanos 10:13-15 dice: "*porque todo el que invoque el nombre del Señor será salvo. Ahora bien, ¿cómo invocarán a aquel en el cual no han creído? ¿Y cómo creerán en aquel de quien no han oído? ¿Y cómo oirán si no hay quien les predique? ¿Y cómo predicarán si no* *son enviados? Como está escrito: '¡Cuán hermosa es la llegada de los que anuncian la paz, de los que anuncian buenas nuevas!'*".

¿Quieres un propósito? ¿Quieres hacer algo que marque la eternidad? **Predica el evangelio**. Esto es lo que la Biblia llama "la Gran Comisión". Mateo 28:18-20 dice: "*Jesús se acercó y les dijo* [a los apóstoles]*: 'Toda autoridad me ha sido dada en el cielo y en la tierra. Por tanto, vayan y hagan discípulos en todas las naciones, y bautícenlos en el nombre del Padre, y del Hijo, y del Espíritu Santo. Enséñenles a cumplir todas las cosas que les he mandado. Y yo estaré con ustedes todos los días, hasta el fin del mundo'. Amén*". No solo se trata de que nosotros seamos salvos, sino que después de creer en Cristo debemos llevar las buenas nuevas a todas las naciones. **Ese es tu gran llamado**.

Aunque el llamado es el mismo para todos los creyentes, la manera en la que cada uno de nosotros lo vive es totalmente distinta. Esto es algo que debemos entender para no sentirnos frustrados. Tenemos un Dios que es extremadamente creativo y que no se limita a nuestros estereotipos o reglas. Él no usa el mismo molde para establecer los propósitos de cada uno de Sus hijos, sino que obra diferente en ellos según Su voluntad.

Un Cuerpo

Leer las instrucciones es importante; si lo hiciéramos más a menudo aprovecharíamos mucho más las cosas que compramos. Yo soy el tipo de persona que lee las instrucciones, pero tengo un grave problema —que también cometo al momento de hacer exámenes—, *escaneo* las instrucciones sin leerlas con cuidado, y después me confió y pienso que ya sé todo lo que necesito sin leer el documento completo. Eso me lleva a hacer o contestar algo que no tiene nada que ver con las instrucciones. Los resultados, por supuesto, no son nada buenos. Cuando regreso y leo todo, me doy cuenta de que las cosas pudieron haber salido mucho mejor si me hubiera tomado el tiempo de leer correctamente.

Por otro lado, también existen personas que ni siquiera miran las instrucciones, y luego se dan golpes en la cabeza porque no saben qué hacer o por dónde empezar. Tal vez te puedas identificar con alguno de estos dos tipos de personas, o posiblemente sí lees todas las instrucciones, el punto con este ejemplo es que a veces vamos por la vida dándonos golpes y volviéndonos locos porque no sabemos qué hacer o no entendemos para qué fuimos creados. ¿Qué hacemos entonces? Copiamos lo que vemos a nuestro alrededor. El problema con esto, como ya mencionamos, es que no todas las personas son iguales; sí existen similitudes entre nosotros, pero no hay dos individuos que sean idénticos en cada aspecto.

En el momento en que decidí creer que Dios tenía planes y propósitos para mi vida comencé a orar por ellos. Una de las ideas que vino a mi mente fue crear un canal de YouTube para hablar de lo que aprendía. Después apareció la oportunidad de la radio y el Facebook Live. En un abrir y cerrar de ojos me volví una "influencer" que usaba las redes sociales para predicar la palabra de Dios. Esto causó distintos comentarios, tanto buenos como malos. Algunas personas creían que Dios no me había llamado a esto y pensaban que debería estar haciendo otra cosa que realmente fuese un servicio a Él. Sin embargo, había una convicción dentro de mí, y aun la hay, de que estoy exactamente donde Dios quiere que esté.

La razón por la que menciono esto es porque nosotros también podemos caer en este tipo de comentarios hacia otras personas, como lo que ha ocurrido recientemente con el rapero Kanye West —incluso es posible que hayamos pensado eso con referencia a nuestra propia vida. A veces nos volvemos jueces de lo que Dios puede o no hacer, y sin darnos cuenta tratamos de frenar lo que Él sí **quiere** hacer. La Gran Comisión puede ser expresada en muchas maneras, y ésta puede llevarse a cabo por atletas, cantantes, empresarios, pastores, pintores, amas de casa, voluntarios, misioneros, etc. Solo debemos predicar fielmente el evangelio en la posición en la que Dios no ha puesto.

Te recomiendo que leas 1 Corintios 12, pero mientras lo haces déjame citar algunos versículos que pueden ayudarte a entender mejor el texto. 1 Corintios 12:12-18 dice: *"Porque así como el cuerpo es uno solo, y tiene muchos miembros, pero todos ellos, siendo muchos, conforman un solo cuerpo, así también Cristo es uno solo. Por un solo Espíritu todos fuimos bautizados en un solo cuerpo, tanto los judíos como los no judíos, lo mismo los esclavos que los libres, y a todos se nos dio a beber de un mismo Espíritu. Además, el cuerpo no está constituido por un solo miembro, sino por muchos (...) Pero Dios ha colocado a cada miembro del cuerpo donde mejor le pareció*". La diversidad de ministerios viene de parte de Dios, y Él mismo es quien ha repartido dones y talentos a cada persona **según le ha placido**.

No me mires a mí o a alguien más para saber cómo cumplir el propósito de tu vida, busca a Dios y pídele que te muestre la manera particular en la que puedes llevar las buenas nuevas al mundo. Todos los creyentes somos parte del **cuerpo de Cristo** y tenemos funciones únicas. Ninguna es más importante que la otra. Todos nos necesitamos y Él en Su sabiduría nos usa según Su voluntad; nosotros le pertenecemos a Él. Pídele que te ayude a ser creativo al momento de llevar el evangelio a otros en el lugar en el que te ha puesto.

Plan de Acción

Una vez entendemos que todos somos diferentes y que nuestro propósito se llevará a cabo de una manera distinta, aunque el fin sea el mismo, es necesario hacer algo al respecto. He notado en varias ocasiones que algunas personas, tanto jóvenes como mayores, viven en confusión y le preguntan al Señor constantemente: "¿Para qué soy bueno? ¿Cuál es mi llamado o propósito? ¿Qué debo hago?". Sin embargo, ellos no hacen nada después de eso.

Con el paso del tiempo he aprendido que además de orar, lo cual es vital, también debo actuar, y Dios usa mis acciones para enderezar y dirigir mis pasos. Tú puedes decirle a un capitán de barco que te ayude a navegar por el mar para llegar a tu destino, pero solo hasta que el barco zarpe podrás darle dirección. Si te quedas en tu zona de confort y miedo no podrás vivir tu propósito. Es necesario tomar pasos de fe hacia lo desconocido.

Recuerdo que cuando me comprometí verdaderamente con Dios llegué a un punto en el que dije: "¿ahora qué?". No obstante, como conté anteriormente, no me quedé sentada, sino que en oración tuve la idea de crear un nuevo canal de YouTube. No sabía con certeza si eso era lo que Dios quería hacer en mi vida, pero tomé un paso de fe confiando en que Él abriría y cerraría las puertas según Su voluntad. Después de algunos meses sentí la necesidad de estar más comprometida con la Palabra de Dios, porque veía que el canal estaba creciendo; tuve entonces la idea, en oración, de estudiar Teología. Tampoco sabía con certeza si esa era la decisión correcta, pero oré y lo puse en manos de Dios. Él en Su misericordia permitió que me aceptaran sin problema, y luego se dio todo lo necesario para cursar mi carrera.

Todo lo que te mueve y te apasiona es una pequeña muestra de tu llamado. Dios ya ha puesto pistas en tu corazón para marcar el camino por donde te quiere llevar, confía en que Él te dirigirá cuando comiences a caminar. Frederick Buechner lo describe con las siguientes palabras: "El lugar a donde Dios nos llama es el lugar donde el gran hambre del mundo y nuestro gran deseo se encuentran". Comienza a orar y pídele a Dios que te ayude a ser sensible, solo así podrás ver más allá de tus deberes terrenales.

No tengas miedo de fracasar, créeme que aun en medio del fracaso podemos aprender y, por lo tanto, madurar. Llevo algunos años en este camino y aunque sigo aprendiendo siempre me aferro a lo que dice Proverbios 3:5-6: *"Confía en el Señor de todo corazón, y no te apoyes en tu propia prudencia. Reconócelo en todos tus caminos, y él enderezará tus sendas*". Empieza a crear un plan de acción, rindiendo a Dios tus planes completamente, y confía en que Él enderezará tus pasos y no te dejará tropezar.

Luz en la Oscuridad

En el momento en que decidimos darle un nuevo rumbo a nuestras vidas las cosas que están alrededor comienzan a cambiar. Un fuego que estaba apagado dentro de nosotros empieza a arder poco a poco. Esa llama nos incomoda porque ahora ya no estamos conformes con lo que hacíamos antes; queremos hacer cambios notables, cambios que comiencen a hacer la diferencia.

En mi caso, recuerdo que sentía un gran amor por Dios; quería conocer más de Él y pasaba horas leyendo la Biblia y orando. Tenía un gran deseo de obedecerlo y esperaba que Él me mostrara el gran propósito por el cual estoy con vida. Ese fuego se convirtió en pasión y después en determinación; todo eso me condujo a hacer un plan de acción y, en consecuencia, me llevó a salirme progresivamente de los parámetros que yo había creado para mí misma.

Recuerdo el día en el que decidí dejar mis sueños atrás y seguir a Dios con devoción; empecé a hacer videos sobre Él, a hablar sobre Cristo en la radio y, literalmente, cambié mi vida por completo. Encontré dos tipos de reacciones. Por un lado, hubo personas que me felicitaron y se alegraron por mí. Por el otro, hubo algunos que me decían que lo que estaba haciendo era un error, que no lograría nada, que me habían lavado el cerebro y que me moriría de hambre porque de eso no se podía vivir. Creo que lo que realmente le molesta a la gente no es que cambiemos, sino la incomodidad que provoca nuestro cambio.

Cuando una luz empieza a brillar en la oscuridad el pecado se vuelve visible. No siempre es fácil ser luz dentro de tanta oscuridad, pero en Mateo 5:14-16 leemos esta promesa: "*Ustedes son la luz del mundo. Una ciudad asentada sobre un monte no se puede esconder. Tampoco se enciende una lámpara y se pone debajo de un cajón, sino sobre el candelero, para que alumbre a todos los que están en casa. De la misma manera, que la luz de ustedes alumbre delante de todos, para que todos vean sus buenas obras y glorifiquen a su Padre, que está en los cielos*". Jesús nos dice que somos la luz del mundo, y la luz no se puede esconder.

Hay muchas personas que se sienten cómodas —incluso cristianos— viviendo de una manera conformista y tibia, pero cuando encontramos verdaderamente nuestra identidad en Cristo, las cosas deben cambiar. Es posible que en algunas ocasiones generes molestia en las personas porque no solo pondrás en evidencia lo que ellos están haciendo mal —su pecado—, sino lo que ellos no están haciendo. Muchos podrán criticarte, ponerte etiquetas y decirte que eres un radical religioso y loco, entre muchas otras cosas, pero nada de eso te debe detener. No estamos llamados a quedarnos sentados y callados para no incomodar, sino a brillar con la luz de Jesús para glorificarlo a Él y hacer que todas las miradas se centren en Dios.

Imagínate un mundo sin luz; no podríamos ver las calles y las casas en medio de la oscuridad. Lo mismo ocurre en el mundo espiritual cuando no está la luz de Dios. Ahora imagina cómo cambiaría esa oscuridad si tan solo una pequeña luz se encendiera. Obviamente no alumbraría todo, pero su presencia se haría muy notoria entre tanta oscuridad, ¿no es así? Cuando nuestra luz se enciende nos hacemos notorios en el ámbito espiritual, y eso significa que nos convertimos en blancos que pueden ser atacados.

Llegar a vivir con propósito e identidad no es la meta, sino el comienzo de una jornada eterna. Recuerda cuán importante es aprender a permanecer en el camino una vez lo hemos encontrado; solo allí pasaremos de lo ordinario, las cosas de este mundo, a lo extraordinario, las cosas de Dios.

10 | PERMANECIENDO EN EL CAMINO

"POR LA MISERICORDIA DEL SEÑOR NO HEMOS SIDO CONSUMIDOS; ¡NUNCA SU MISERICORDIA SE HA AGOTADO! ¡GRANDE ES SU FIDELIDAD, Y CADA MAÑANA SE RENUEVA!".

LAMENTACIONES 3: 22-23

10 | PERMANECIENDO EN EL CAMINO

A pesar de que este libro se llama *Encontrando el Camino*, y mi deseo es ayudarte en ese proceso, no se trata solamente de encontrar la senda, sino de aprender a permanecer en ella. Es como cursar una carrera universitaria. Graduarte no es suficiente ni tampoco es el final, es justamente allí donde comienza una nueva jornada donde aplicas lo aprendido y comienzas a trabajar en algo específico. *Encontrar tu camino* es la graduación de tu vieja vida, allí un mundo entero se abre delante de ti.

Entender tu identidad y propósito es el comienzo de una nueva manera de vivir, pero cuando estés en ese nuevo camino llegarán ataques contra los que tendrás que luchar, además de periodos de desánimo que pueden afectarte. No se trata solamente de alcanzar una meta o un nivel de conocimiento donde todo estará bien, sino de un camino en el que encontrarás vientos y tormentas. Es importante estar conscientes de que la adversidad llegará, pero eso no significa que tengas que volver atrás. Comprender esto es crucial.

En el capítulo 5 compartí que todas las cosas parecían estar empeorando en mi vida, incluso cuando estaba viviendo en obediencia a Dios. Seguir al Señor y hacer Su voluntad no elimina los altibajos de nuestra existencia; no comenzamos a vivir en una burbuja donde el mal no puede entrar. Juan 16:33 lo expresa de una manera inmejorable, allí Jesús dijo: "*Estas cosas les he hablado para que en mí tengan paz. En el mundo tendrán aflicción; pero confíen, yo he vencido al mundo*". Cristo afirma que vendrán momentos difíciles, pero podemos tener la seguridad de que tenemos la victoria en Él.

A medida que vayas avanzando en tu caminar con Dios tendrás que luchar con las mentiras del enemigo. Él vendrá con las mismas tácticas de siempre para hacerte retroceder, incluso al punto de llevarte a pensar que estabas mejor antes de seguir a Dios. Cuando no conocías a Cristo estabas encadenado bajo el poder de las mentiras del enemigo, y lo cierto es que él seguirá tratando de llevarte a la esclavitud del pecado, incluso ahora que ya conoces del Señor y de Su reino. Es necesario entonces que aprendamos a luchar y resistir. Tal vez esa lucha te agote, pero Dios nunca te dejará, ni siquiera por un segundo.

El pueblo de Israel —cuya historia leemos en el Antiguo Testamento— fue esclavo en Egipto, y después de 400 años Dios los liberó. Sin embargo, dicha liberación no significó que ellos dejarán de experimentar altas y bajas por causa de su incredulidad y desobediencia, al punto que poco después de salir de Egipto ellos desearon regresar al mismo lugar de donde anhelaban ser libres (Éxodo 16:3). Tú y yo vivíamos bajo la esclavitud del pecado, y Satanás nos va a atacar para hacernos extrañar esa esclavitud y decir que estábamos mejor en ella.

Hay situaciones donde la corriente se vuelve tan fuerte que no sabes si estás caminando en el lado correcto; hay situaciones donde el enemigo empieza a susurrar mentiras a tu oído. La razón por la que te digo todo esto es para que estés preparado y cuando lleguen los ataques puedas caminar con seguridad, sabiendo que Dios no te ha soltado. Isaías 43:2 dice: "*Cuando pases por las aguas, yo estaré contigo; cuando cruces los ríos, no te anegarán. Cuando pases por el fuego, no te quemarás, ni las llamas arderán en ti*". Si leemos con cuidado, podemos ver que el texto está afirmando que eventualmente vamos a pasar por las aguas y por el fuego, pero éstos no podrán lastimarnos. En esa verdad es la que debemos mantenernos firmes, sabiendo que Dios es nuestro refugio y sustento.

Muchos pueden encontrar el camino, o creer que lo han hecho, pero pocos permanecen en él. Para recorrerlo es necesario perseverar en la fe. ¿Recuerdas mi Salmo favorito que compartí en los capítulos anteriores? "*Quédense quie-*

tos, reconozcan que yo soy Dios" (Salmo 46:10a). El Señor nos pide que nos quedemos quietos. Esto no significa que debemos permanecer acostados sin hacer nada; por el contrario, es un mandato, un verbo que indica una acción de mantenerse firme, entender, confiar y comprender que Él es Dios, y debido a eso tiene el control sobre todas las cosas.

¿Quién es mi Padre?

Si soy sincera, aunque me dedico a hablar de Dios y escribo acerca de estas verdades, yo también batallo. En los últimos meses he sufrido muchos ataques en diferentes áreas de mi vida. A pesar de conocer al Señor, algunas veces me cuesta mantenerme firme, confiar en Él y alejarme de la preocupación. Eso no significa que sea una mala cristiana, simplemente me recuerda mi humana debilidad; y dentro de esa humanidad es que mi fe crece. Además, al pasar por esas experiencias, una vez he sido fortalecida por el Señor, después puedo compartir con otros, teniendo una mayor comprensión de lo que ellos también están viviendo.

En medio de mi estrés y ansiedad, mi papá aprovechó una noche en la que cenábamos como familia para contarme una de sus historias, algo que le encanta hacer, para enseñarme algo. Me empezó a hablar de una niña de ocho años de edad que iba subiendo a un avión. Ella caminaba sola por el pasillo sin ningún acompañante, con su maleta en la mano y con una gran seguridad, al punto que las personas no podían evitar observarla. Sin problema encontró su asiento, se sentó y comenzó a colorear. Durante el vuelo, el avión empezó a pasar por una turbulencia muy fuerte, pero la niña estaba en calma total. Una señora le dijo "niña, ¿no tienes miedo?", y ella respondió con un rotundo "no". La señora sorprendida le preguntó "¿por qué?", y la pequeña con mucha seguridad, mirándola a los ojos, le dijo "mi papá es el piloto".

Después de que mi papá me contó esta historia, él me preguntó "¿quién es tu papá?". Su intención era ayudarme a entender que sin importar cuántos problemas vengan, Dios nunca pierde el control, y eso debía darme seguridad.

Hablando de turbulencias, quiero compartirte algo que escribí no hace mucho durante uno de mis viajes —siempre que vuelo me gusta llevar una libreta porque por alguna razón el Señor me inspira en esos momentos, quizá porque no hay distracciones—:"en este momento voy sentada en el avión y estoy viviendo una de las peores turbulencias que he experimentado. Siento esa descompensación e incertidumbre que me invade cuando parece que el avión se está cayendo y la adrenalina empieza a correr por mi cuerpo. No hay nada que pueda hacer más que confiar en que el capitán tiene el control absoluto. Lo mejor es sentarme y relajarme en el asiento mientras dejo que él haga su trabajo". Creo que en nuestra vida pasa algo similar con Dios; cuando empezamos a seguirlo llegan turbulencias, y en cada caída Él nos pregunta "¿confías en mí?".

En la Biblia hay una historia similar. En una ocasión los discípulos estaban en una barca y Jesús fue hasta a ellos caminando sobre las aguas. ¡Imagínate su reacción al ver a un hombre caminar sobre el mar! Jesús no dejó que la imaginación de los doce volara demasiado y enseguida les dejó saber que era Él. Pedro, para comprobar que en verdad era Jesús y no un fantasma como ellos creían, le dijo a Jesús que lo llamara para que él también pudiera caminar sobre el mar. Cristo le dijo que fuera hacia Él y Pedro comenzó a caminar sobre el agua. En Mateo 14:30-31 leemos al respecto: "*Pero al ver el fuerte viento, tuvo miedo; y comenzando a hundirse, dio voces, diciendo: ¡Señor, sálvame! Al momento Jesús, extendiendo la mano, asió de él, y le dijo: ¡Hombre de poca fe! ¿Por qué dudaste?*". Es increíble cómo nuestra fe puede perderse incluso en momentos en que vemos el poder de Dios de una forma tan clara. Como creyentes siempre debemos recordar quién es nuestro Padre, teniendo presente todo lo que eso significa. Así podremos enfrentar cualquier suceso.

Ataques

Permanecer en el camino significa que eventualmente recibiremos ataques. Ya sea que queramos aceptarlo o no, estamos en una guerra espiritual. Hay personas que sin darse cuenta viven consumidas por una batalla que los mantiene oprimidos; sin embargo, cuando somos conscientes de lo que ocurre a nuestro alrededor podemos pelear sin miedo. Conocer quién es Dios, nuestro Padre y Defensor, es la clave para continuar con fuerzas durante la lucha, entendiendo que en Cristo tenemos la victoria.

Uno de mis relatos favoritos de la Biblia es el de David y Goliat. Aunque lo sé de memoria, cada vez que lo leo continúo aprendiendo lo que significa conocer y confiar en Dios al momento de enfrentar momentos difíciles o derribar gigantes. Estamos en tiempos donde se están levantando gigantes contra la verdad de Dios. La palabra del Señor está siendo atacada deliberadamente, y muchos creyentes se dejan intimidar por todo lo que está sucediendo, tal como muchos en el pueblo de Israel no hicieron nada cuando Goliat los retó.

1 Samuel 17:24 dice: *"Y todos los varones de Israel que veían aquel hombre huían de su presencia, y tenían gran temor"*. Esto incluía a los hombres del ejército; ellos, a pesar de estar entrenados para la guerra, estaban llenos de miedo ante este gigante que medía más de 3 metros. En medio de lo que estaba ocurriendo, un día llegó David, que solo era un adolescente, a llevarle algo a sus hermanos que eran parte del ejército. Cuando David vio al gigante, él no se intimidó. 1 Samuel 17:26 dice al respecto: *"Entonces habló David a los que estaban junto a él, diciendo: ¿Qué harán al hombre que venciere a este filisteo, y quitare el oprobio de Israel? Porque ¿quién es este filisteo incircunciso, para que provoque a los escuadrones del Dios viviente?"*. David estaba consciente de que ellos eran el pueblo elegido de Dios y, por lo tanto, el Señor estaría con ellos en la batalla.

A diferencia del pueblo, David tenía su mirada y su fe puesta en Dios. Para Goliat fue una burla que este joven se atreviera a enfrentarlo, pero el futuro rey sabía que no estaba peleando en sus fuerzas o en su capacidad. Dios iría delante de él. *"Entonces dijo David al filisteo: Tú vienes a mí con espada, lanza y jabalina, pero yo vengo a ti en el nombre del Señor de los ejércitos, el Dios de los escuadrones de Israel, a quien tú has desafiado"*, (1 Samuel 17:45).

Tú y yo no peleamos en nuestras fuerzas, sino con el poder de Dios. Los ataques llegarán queramos o no, pero la manera en la que los enfrentamos es lo que marca la diferencia. Aunque como creyentes podemos ser blanco del enemigo —las tinieblas no toleran la luz—, lo cierto es que nuestro Dios es más grande, fuerte y poderoso. Muchos pueden ser intimidados, pero solo aquellos que tienen su mirada en Dios pueden correr directo al *gigante* con la seguridad de que el Señor es quien pelea la batalla por ellos.

Sobre la Roca

En medio de los ataques que vendrán a tu vida, llegarán momentos donde te preguntarás si realmente vale la pena vivir como cristiano. Ser bondadoso, fiel, honesto e ir en contra de los patrones de estos tiempos no es algo fácil —a veces parece que les va mejor a las personas que viven como quieren—. Sin embargo, nunca debes dudar que el Señor está contigo en tus esfuerzos por obedecerle; Él mismo es quien pone en nosotros el querer como el hacer según Su buena voluntad (Filipenses 2:13). La vida que llevan aquellos que no obedecen a Dios es más fácil en muchos aspectos, ellos van por el camino ancho como dice Mateo 7:13-14. No obstante, la senda que están recorriendo los lleva a la perdición. Seguir a Cristo significa que algunas veces nos sentiremos incómodos —al luchar con el pecado— y solitarios, pero recorrer ese camino angosto nos llevará a la vida.

En el mismo capítulo 7 de Mateo, Jesús dijo: *"A cualquiera que me oye estas palabras, y las pone en práctica, lo compararé a un hombre prudente, que edificó su casa sobre la roca. Cayó la lluvia, vinieron los ríos, y soplaron los vientos, y azotaron aquella casa, pero ésta no se vino abajo, porque estaba fundada sobre la roca. Por otro lado, a cualquiera que me oye estas palabras y no las pone en práctica, lo compararé a un hombre insensato, que edificó su casa sobre la arena. Cayó la lluvia, vinieron los ríos, y soplaron los vientos, y azotaron aquella casa, y ésta se vino abajo, y su ruina fue estrepitosa" (24-27).*

Durante mucho tiempo pensé que la roca en este texto era Jesús, porque en otras partes de la Biblia se menciona que Él es la Roca. No obstante, un día mi pastor me dijo que en este pasaje la roca era la obediencia.

Según esta interpretación, cuando los vientos, las lluvias y los ríos se levanten en nuestra contra, la obediencia a Dios nos permitirá permanecer firmes. Esta obediencia incluye no solo lo que hacemos, sino también actitudes como la confianza, el gozo, la oración, el deseo de vivir en comunidad con otros creyentes, etc. El enemigo es sutil al momento de hacernos dudar sobre lo que Dios nos dice en Su palabra, y esto muchas veces nos aleja de nuestra lectura diaria de la Biblia. Sin embargo, debemos recordar que es justamente en la palabra de Dios donde el Señor nos muestra el camino hacia Él y nos brinda la ayuda que necesitamos en **todos** los aspectos de nuestra vida.

Conocer la Biblia nos ayudará a discernir lo que realmente viene de Dios y también lo que no. Cuando los vientos, las tentaciones y los ataques aparecen, somos llamados a someternos al Señor. Santiago 4:7 dice: *"Por lo tanto, sométanse a Dios; opongan resistencia al diablo, y él huirá de ustedes"*. La única manera de lograr eso es conociendo lo que dice la Biblia.

Te vas a Equivocar

Creo que una de las cosas que más nos preocupa en la vida es fallar. Esto es algo común entre los cristianos porque como nuevas criaturas ahora deseamos obedecer a Dios de corazón, y al fallarle podemos sentirnos tan tristes que la auto condenación puede afectarnos grandemente.

Desde que confié en Cristo como mi salvador le he fallado muchas veces, pero mi deseo es dejar de hacerlo. Eso hace que la lucha con mi carne sea constante.

Todos fallamos en algún punto u otro. Le vas a fallar a Dios, vas a tropezar más de una vez. No digo esto para desanimarte; todo lo contrario, quiero que entiendas que eso va a ocurrir. Somos humanos y, por tanto, imperfectos. Esto, claro está, no debe llevarnos a justificar nuestras acciones, no es una excusa para quedarnos atorados en el pecado. Todos los días debemos esforzarnos por obedecer a Dios y ser renovados en Su palabra, pero sin importar qué tan espirituales podamos llegar a ser, en algún punto y de alguna forma vamos a equivocarnos.

Aunque ahora tenemos una nueva naturaleza, una que busca alejarse del pecado y de las cosas que no agradan a Dios, lo cierto es que aún hay pecado en nuestro interior y este nos llevará en algún punto a desobedecer al Señor. No obstante, a diferencia de lo que ocurría antes de que fuéramos creyentes, ya no disfrutamos estar en el lodo y luchamos para salir de ahí, yendo a la Palabra de Dios para ser limpiados por ella.

En algún momento tú y yo vamos a tropezar, pero incluso eso no puede arruinar el propósito que Dios tiene para nuestras vidas. El enemigo intentará usar la auto condenación para dejarnos encerrados y cegarnos ante lo que Dios tiene para nosotros, por eso es importante que entendamos esto. Una de las cosas que más me ayuda a salir adelante cuando tropiezo es comprender que la misericordia de Dios es nueva cada día, y entender que la razón por la que Él decide usarme es Su infinita bondad, no mi limitada capacidad de hacer el bien.

En el Antiguo Testamento leemos acerca de personas que fueron usadas de forma especial por el Señor, e incluso hasta el día de hoy ellos nos enseñan lecciones y reciben nuestra admiración por su compromiso con Dios. Pero, sin importar cuántas cosas lograron, lo cierto es que solo eran mortales como tú y como yo. Se equivocaron, pecaron y le fallaron a Dios. No obstante, por la gracia y misericordia del Señor, ese no fue su legado.

Me impactan los relatos de la vida de David, Salomón, Moisés y Pablo. David fue ungido y elegido por el Señor, y la Biblia dice que él era un hombre conforme al corazón de Dios. Sin embargo, él ordenó el asesinato de Urías y cometió adulterio. Salomón, el rey más sabio que jamás ha existido, desobedeció a Dios casándose con mujeres extranjeras y adorando a dioses ajenos. Moisés, quién hablaba con Dios como un hombre habla a su amigo (Éxodo 33:11), recibió del Señor la ley en el monte Sinaí, aunque en el pasado había asesinado a un hombre y después desobedeció en Horeb al golpear una roca para que saliera agua de ella, aunque el Señor le dijo que le hablara. Pablo, el cual escribió la mayoría de las cartas del Nuevo Testamento, solía perseguir cristianos para llevarlos a la cárcel. Cada uno de estos hombres tuvo un pasado que fue perdonado, e incluso después de ser redimidos desobedecieron al Señor, pero ellos se arrepintieron y Dios les extendió Su misericordia.

Cada vez que le fallemos al Señor y le desobedezcamos debemos ir a Él en arrepentimiento; no caigamos en la tentación de alejarnos de Su presencia. Es bueno sentir vergüenza por el pecado, pero debemos correr a Él para pedir una nueva oportunidad. Los pecados traen consecuencias, eso es claro, pero no debemos olvidar que Dios es misericordioso. Si recordamos eso nos alejaremos de la autocondenación.

No solo cometerás errores, también llegarán momentos en los que posiblemente te querrás rendir porque piensas que no eres capaz de recorrer este camino. Recuerda que no es en tus fuerzas. Dios no te llamó a llevar la carga solo; no se trata de tu capacidad, sino del poder de Dios en ti. Él te equipará en cada etapa de tu vida y en cada lugar al que te envíe. Sus promesas son nuestra esperanza.

Ponte la Armadura

Para lograr permanecer en el camino y resistir cada ataque es necesario ponerse la armadura de Dios (lee Efesios 6:10-18). La guerra espiritual no se pelea con armas mortales sino con espirituales, y es importante conocerlas para poder usarlas.

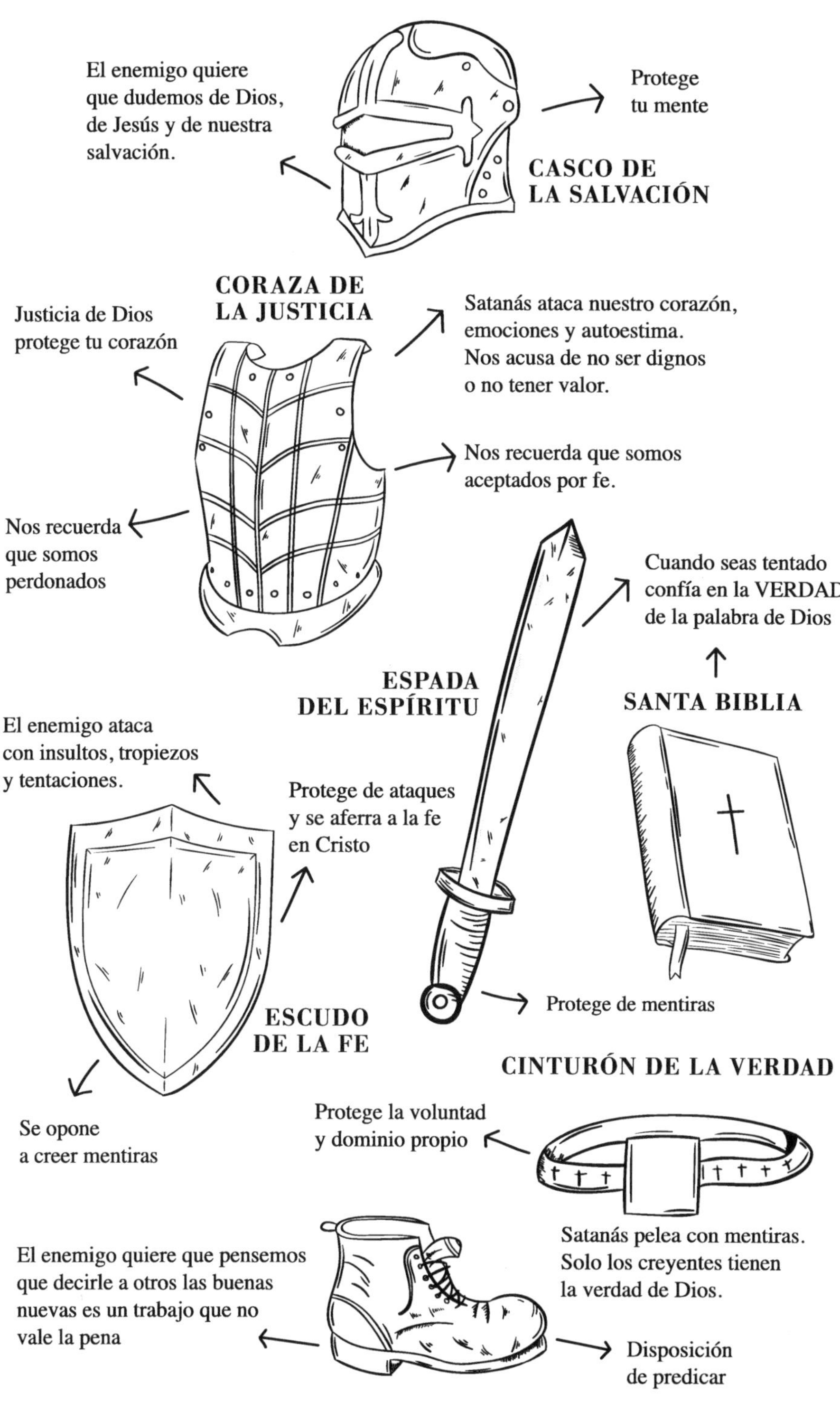
El enemigo quiere
que dudemos de Dios,
de Jesús y de nuestra
salvación.
Protege
tu mente
CASCO DE
LA SALVACIÓN
CORAZA DE
LA JUSTICIA
Justicia de Dios
protege tu corazón
Satanás ataca nuestro corazón,
emociones y autoestima.
Nos acusa de no ser dignos
o no tener valor.
Nos recuerda que somos
aceptados por fe.
Nos recuerda
que somos
perdonados
Cuando seas tentado
confía en la VERDAD
de la palabra de Dios
ESPADA
DEL ESPÍRITU
SANTA BIBLIA
El enemigo ataca
con insultos, tropiezos
y tentaciones.
Protege de ataques
y se aferra a la fe
en Cristo
Protege de mentiras
ESCUDO
DE LA FE
CINTURÓN DE LA VERDAD
Se opone
a creer mentiras
Protege la voluntad
y dominio propio
Satanás pelea con mentiras.
Solo los creyentes tienen
la verdad de Dios.
El enemigo quiere que pensemos
que decirle a otros las buenas
nuevas es un trabajo que no
vale la pena
Disposición
de predicar
ZAPATOS DEL EVANGELIO

11 | PARA UNA OCASIÓN COMO ESTA

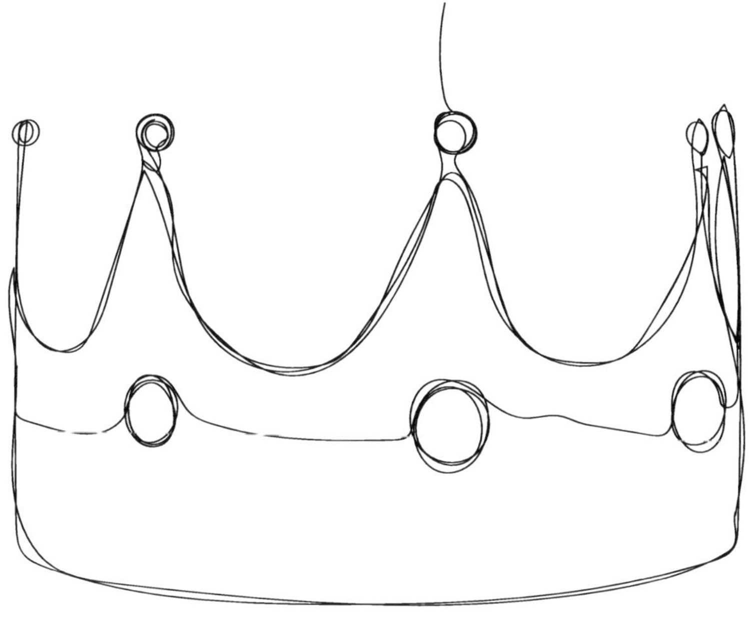

"PERO LOS QUE CONFÍAN EN EL SEÑOR RECOBRAN LAS FUERZAS Y LEVANTAN EL VUELO, COMO LAS ÁGUILAS; CORREN, Y NO SE CANSAN; CAMINAN, Y NO SE FATIGAN"

ISAÍAS 40: 31

11 | PARA UNA OCASIÓN COMO ESTA

En diversas ocasiones sentí que había nacido en la época equivocada. Pensaba que si hubiera venido al mundo en otro tiempo todo sería mejor. Mi manera de ser era muy diferente a lo que veía a mí alrededor, y por alguna razón me sentía fuera de lugar regularmente.

Cuando escuchaba a alguien hablar sobre "tener un propósito para mi vida", esa idea no me convencía del todo. Ante mis ojos, aunque sentía un gran deseo por lograr algo grande que marcara la historia, creía que lo que tenía no era suficiente para llegar a la meta. Mi familia, mi físico, ser de culturas mezcladas y mi estado socioeconómico, nada apuntaba a la grandeza. Me hubiera gustado tener la vida de cualquier otra persona menos la mía. ¿Te suena familiar esto? ¿En algún punto de tu existencia has puesto "peros" acerca de la vida extraordinaria que puedes llegar a tener?

Hoy, por la misericordia de Dios, puedo entender el porqué de las cosas, hoy puedo comprender lo que antes cuestioné. Es posible que pasen años antes de que podamos entender los planes de Dios para nuestra vida; sin embargo, podemos confiar en que Él sabe perfectamente lo que está haciendo.

¿Alguna vez has escuchado algo acerca de Ester? La vida de esta mujer siempre me ha inspirado de una manera particular, especialmente en lo que se refiere a la identidad. Su historia es fascinante; te invito a leerla, pero mientras tanto la resumiré un poco. Durante la vida de Ester, el rey Asuero estaba buscando una nueva esposa para hacerla reina y así reemplazar a Vasti, quien lo había avergonzado y desobedecido.

Para conseguir a la siguiente reina reclutaron a muchas jóvenes vírgenes con el fin de escoger entre ellas. Ester fue una de esas candidatas. Ella vivía con su primo, Mardoqueo, quien la había adoptado porque la joven era huérfana (Ester 2:5, 7). Él la instruyó para que no le dijera a Asuero que era judía, y Ester obedeció. Todas las candidatas fueron sometidas a un tiempo de preparación durante varios meses, de esa forma estarían listas para ser presentadas delante del Rey. En medio de todas ellas, Ester halló gracia ante los ojos de Asuero y se convirtió en su esposa y en la nueva reina.

Tiempo después, Amán, un hombre muy cercano al rey, se levantó contra los judíos para exterminarlos y logró convencer a Asuero para llevar a cabo su plan. En medio de todo lo que estaba sucediendo, nadie en el Palacio sabía que Ester era judía. Cuando la noticia del edicto real contra los judíos llegó a oídos de Mardoqueo, él le dijo a Ester que tenía que ir delante del rey para pedirle que cambiara su decisión. Ella tuvo miedo de hacerlo porque en aquel tiempo la reina no se podía presentar ante el rey si no había sido llamada; incumplir esa ley podía costarle la vida. Observemos lo que Mardoqueo le dijo a Ester: *"... ¡Y quién sabe si **para una ocasión como esta** tú habrás llegado a ser reina!"* (Ester 4:14, énfasis añadido).

En Juan 12:27 Jesús dijo con referencia a Su sacrificio en la cruz: *"Ahora mi alma se ha angustiado; y ¿qué diré: 'Padre, sálvame de esta hora?'. Pero para esto he llegado a esta hora"*. Hay cierta similitud entre las palabras de Mardoqueo y las de Cristo. Estos versículos señalan que las vidas de Jesús y Ester tenían un propósito específico.

Cristo sabía lo que iba a hacer en la tierra y conocía de antemano lo que sucedería con Su vida. Cada circunstancia que vivió estaba dentro del plan que la Trinidad había establecido desde antes de Su nacimiento. El caso de Ester era diferente. Ella no sabía que existía un propósito específico para su vida, por eso no entendía que ese momento difícil era justamente la causa por la que había llegado al palacio del rey Asuero. Antes sus propios ojos ella solo era una huérfana judía que vivía como exiliada. No parecía la persona indicada para esa misión. Algunas veces nos pasa lo mismo que a Ester y solo vemos las situaciones contrarias que están a nuestro alrededor. No estamos conscientes del plan que Dios tiene para nuestras vidas, pero lo cierto es que nunca debemos olvidar que el Señor nos creó con un propósito y nuestra existencia no es una casualidad.

Jesús y Ester tuvieron que pasar por momentos difíciles antes de cumplir su propósito. Ester tuvo que arriesgar su vida al presentarse ante el Rey, pero Dios usó su valentía para salvar a los judíos y preservar así al pueblo del cual vendría Cristo siglos más adelante. Y, más importante aún, el Señor Jesús tuvo que entregar Su vida como sacrificio para salvar a todo aquel que cree y se arrepiente de sus pecados.

Vivir el propósito que Dios ha establecido sobre nuestras vidas es de valientes. Requiere valentía vivir por una causa que está más allá de lo terrenal. Nuestra identidad va más allá de lo que el mundo pueda decir, nuestra identidad y propósito como creyentes están en Cristo.

Solo Tenemos una Oportunidad

¿Alguna vez has jugado ajedrez? Yo nunca lo he hecho, pero tengo una idea básica del juego por lo que he escuchado acerca de él, y conozco expresiones como "jaque mate" —creo que tú también—. En los juegos, los negocios y en la vida es necesario tener una estrategia, la cual debe estar relacionada con un objetivo de vida. Como lo mencioné antes, no tiene nada de malo soñar y tener metas; sin embargo, cuando esa es tu principal motivación para vivir, al final te sentirás vacío; es como si perdieras la oportunidad de hacer *jaque mate* y el mundo la aprovechara para hacértelo a ti.

Solo tenemos una vida en esta tierra, una oportunidad para vivir el propósito por el cual fuimos creados. ¿Por qué entonces la vivimos tratando de complacer a los demás y no a Dios? ¿Por qué quejarnos por lo que no tenemos? ¿Por qué compararnos todo el tiempo con los demás? ¿Por qué permitir que otras personas decidan cómo tenemos que vivir? Si hoy fuera tu último día en este planeta, ¿qué habrías logrado? ¿Dinero, aplausos, *likes*, seguidores en redes sociales, diplomas, éxitos terrenales?

Como ya he comentado antes, desde niña viví de una forma muy intensa; siempre me aterró la idea de morir y no haber logrado nada. Me daba pavor pensar que todos mis sueños se iban a quedar solo en mi mente, como palabras escritas en papel que nunca se volvieron realidad. Hoy en día las cosas han cambiado, y si muriera en este momento y pudiera ver mi vida frente a un espejo me sentiría muy feliz y satisfecha. No porque haya hecho las cosas de forma perfecta o porque fui exitosa, sino porque viví con propósito. Encontré mi identidad y viví lo que Dios dispuso que viviera. Con esa actitud me despierto todos los días, con la certeza de que no estoy viviendo una historia equivocada. Le pido a Dios que Él ponga en tu corazón esa misma seguridad.

No sé las respuestas de los misterios de la tierra; continúo cometiendo errores y sigo creciendo diariamente. Sin embargo, estoy segura de que estoy haciendo exactamente lo que tengo que hacer. Por supuesto, el desánimo se hace presente; lloro, me frustro y siento dolor, pero cada día me esfuerzo por seguir a Jesús. Cada día decido creerle y seguir adelante.

El Salmo 32:8 dice: *"Yo te haré saber y te enseñaré el camino en que debes andar; te aconsejaré con mis ojos puestos en ti"*. Dios va delante de los Suyos y les enseña el camino. No se trata de tener un plan infalible en nuestras manos, con todas las dudas resueltas, sino se trata de confiar en que el Señor nos enseña el camino. Él lo ha prometido en Su palabra.

Tú decides si continúas viviendo de la misma manera o si, con el poder y la gracia del Señor, empiezas a caminar con un propósito. Pídele a Dios que marque un antes y un después en tu vida. Lo importante no es solo responder la pregunta "*¿quién soy?*", lo importante es entender que nuestra identidad, y nuestro conocimiento de ella, va a definir nuestras acciones y en consecuencia nuestro futuro.

Con Dios Puedes Marcar la Diferencia

Hemos hablado sobre la identidad, el valor que tenemos en Cristo y la verdad de Dios. No obstante, creo que debemos recordar una vez más que con Dios podemos marcar la diferencia. No tienes que verte como el resto del mundo. Dios puede usar tus defectos, inseguridades y debilidades para perfeccionar Su obra en tu vida. Para que puedas entender cómo Él llevará a cabo esa obra, es necesario que te veas de manera constante a través del lente de la palabra de Dios, no del lente del mundo.

En el Antiguo Testamento encontramos la historia de Gedeón. A través de ella aprendemos el poder y la fidelidad de Dios, pero también aprendemos sobre la identidad. En Jueces 6:12 leemos: "*Y el ángel del Señor se le apareció y le dijo* [a Gedeón]: *'El Señor está contigo, porque eres un hombre valiente y aguerrido'*". Ese fue el momento en el que Gedeón fue llamado para liderar a Israel en la batalla. Dios le dijo tres cosas: 1) que no estaba solo porque el Señor estaba con él, 2) que él era valiente, y 3) que era un guerrero. Luego en Jueces 6:15 leemos la respuesta de Gedeón: "*'Mi señor, ¿y cómo voy a salvar a Israel? ¡Yo soy de la familia más pobre que hay en Manasés, y en la casa de mi padre soy el más pequeño!'*". Ante sus propios ojos, Gedeón no era lo que el ángel había dicho. Sin embargo, su futuro y victoria dependieron de la perspectiva de Dios, no la de él o la de cualquier otra persona.

En más de una ocasión dudarás acerca de lo que puedes hacer. Incluso, llegarán momentos en que la gente a tu alrededor te subestimará y te hará pensar que *no das la talla.* Eso no te hace débil; todos pasamos por ahí. Aunque ya llevo algunos años dedicándome a las redes sociales, y he asistido a varios eventos relacionados, hay personas que aún no creen en mí. He tenido que ir a lugares donde he compartido plataforma con personas muy reconocidas, y eso me hace luchar con dos áreas en particular. Primero, con la opinión que tengo acerca de mí misma. En ocasiones me llego a consumir en mis propios miedos e inseguridades, al punto que siento que es una locura lo que estoy haciendo; me siento pequeña, insignificante y creo que no debería estar ahí. Por otro lado, en varias ocasiones me han menospreciado e incluso me han tratado mal, haciéndome sentir como lo más bajo. Pero lo que siempre me saca de esos momentos difíciles es recordar cómo me ve Dios en Cristo. Eso hace que me pare derecha y levante mi cabeza, recordando que con Dios puedo marcar la diferencia sin importar la opinión de los demás. Mi verdadero valor está en el Señor; Él me ha hecho Su hija por la fe en Cristo.

Si Dios es tu audiencia nunca tendrás la necesidad de impresionar. Hay una frase de Reinhard Bonnke que me encanta: "No aceptes el aplauso del hombre y no serás destruido por su crítica". Si el aplauso de la gente no te construye, entonces su crítica no te podrá destruir. Cuando entendemos que nuestro valor, propósito e identidad vienen de Dios, ya no nos afectarán los gigantes que estén a nuestro alrededor. Claro, habrá luchas, dolor y cansancio, pero peleamos con la seguridad de que Cristo ya ha ganado todas las batallas. **No peleamos en desesperación, sino con seguridad.**

Enfócate en obedecer y resistir, y confía en que Dios hará contigo según Su voluntad. La opinión y crítica de otros no determina el potencial que Dios en Su misericordia te ha dado. Es posible que las personas no solo te critiquen y te desanimen, algunos también tratarán de entorpecer tus planes. Tal vez inventen rumores sobre ti para tratar de bloquear tu camino. Lamentablemente eso ha ocurrido en mi vida, pero he encontrado consuelo en el Salmo 75:6-7: *"El juicio no viene del este ni del oeste, ni del desierto ni de las montañas: El juicio proviene de mí, que soy Dios. A unos humillo, y a otros enaltezco".*

Dios es quien da y Él mismo es quien quita, no las personas. Sin importar la oposición que haya en tu contra, recuerda que nadie es más fuerte que Dios.

El Cambio Empieza Hoy

Hemos llegado al final de este libro pero al inicio de algo nuevo para tu vida. Sé que cualquier cambio parece intimidante porque las cosas tal y como las conocemos ya no serán iguales. Es por eso que en algunas ocasiones nos quedamos atascados en ciertos ciclos de nuestra vida; la incertidumbre de algo nuevo no nos deja avanzar. De todo corazón quiero que vivas conforme al diseño que Dios estableció en Su palabra. Eso es triunfar y alcanzar la mejor meta. Sin embargo, para que eso suceda el cambio inevitablemente tiene que llegar.

Vivimos en un mundo que va muy deprisa; siempre estamos pensando en el mañana, en las nuevas tendencias y en el futuro, pero realmente lo único que tenemos es el día de hoy. Nos envolvemos en ese estilo de vida y creemos que cambiar es imposible. Incluso nos podemos sentir como un hámster corriendo dentro de su pequeña rueda sin llegar a ningún destino, pero Dios puede hacer nuevas **todas** las cosas. No necesitas ser perfecto o tener todo resuelto, recuerda que el poder está en Dios; Él sostiene a Sus hijos en Su mano y los guía al lugar donde quiere que estén.

Es fácil caer en el círculo vicioso de nuestra sociedad y tratar de encajar en el mundo, pero eso hace que nos perdamos. Si eres creyente puedes disfrutar de todo lo que el Señor ha preparado para ti. Que no perdamos las bendiciones que Él nos quiere dar solo por el hecho de no preguntar —como le ocurrió al hombre de la historia del crucero que vimos en el capítulo 1—; debemos buscar en Su palabra cuáles son.

Dios (Yahweh), el Creador de absolutamente todo, te hizo con un propósito. Búscalo en oración y pídele que abra tu corazón para que puedas conocerlo y seguirlo, de esa forma podrás encontrar el camino. Si ya eres creyente, te animo a que continúes buscándole y conociéndolo por medio de Su palabra.

Te he contado mi historia, mi experiencia, y por la gracia de Dios puedes ver los frutos que Él me ha permitido dar. Te he abierto mi corazón al compartirte lo que he aprendido y lo que continúo aprendiendo en esta jornada. Debes decidir si tomarás todo esto que has leído como un ejemplo, y así darle un giro radical a tu vida, o por el contrario puedes seguir viviendo de la misma manera por miedo al cambio.

Si soy sincera, el miedo a lo desconocido fue algo que me detuvo muchas veces en distintas áreas de mi vida, pero específicamente en lo referente a mi identidad y mi propósito. La manera en que pensaba y vivía me había definido por completo, y la idea de cambiar era inconcebible para mí. Veía el cambio como una alerta roja porque rompía todos mis planes, mis sueños, mis amistades y mi carrera; pensaba que, literalmente, todo en mi vida iba a quedar en el aire. Tal vez te sientes así, pero los cambios siempre son para bien cuando vienen de Dios.

Algunas veces creemos que nuestros planes son maravillosos, y nos emociona pensar que se hagan realidad, pero cuando vemos que Dios hace cambios y agrega ciertas cosas a nuestra vida el miedo nos detiene. Empezamos a pensar: '¿qué tal si todo se arruina? ¿Estaba mejor antes?'. Cuando confiamos y seguimos la voluntad de Dios nos damos cuenta que Sus planes eran infinitamente mejores que los nuestros, y aquello que considerábamos "lo máximo" se ve como algo diminuto al lado de Su voluntad. **Lo mejor que te puede pasar es que Dios interrumpa tus planes**.

Hoy puede ser el primer día de un nuevo camino, el primer día de la historia más apasionante que hubieras podido imaginar. Dios desea revelarnos Su plan por medio de Su palabra; Él desea salvarnos, limpiarnos y hacernos nuevas criaturas. Recuerda que no hay nada en tu pasado o en tu presente que Dios no pueda perdonar para darte una nueva vida. Sin importar tu edad o lo que hayas vivido hasta ahora, hoy es un excelente momento para empezar a vivir siguiendo el propósito y el diseño de Dios.

Pídele al Señor que te salve y te dé un nuevo corazón que anhele obedecerle; pídele que te ayude a rendir cada área de tu vida a Él. Quisiera compartir una última oración que puede servirte como ejemplo. Solo es una guía; usa tus palabras y habla desde el fondo de tu corazón. Recuerda lo que dice Jeremías 29:13: *"Cuando ustedes me busquen, me hallarán, si me buscan de todo corazón"*:

> *'Padre, reconozco que he pecado; he tratado de llevar las riendas de mi vida y estoy lejos de ti. Estoy cansado de vivir así; me arrepiento y pongo delante de ti mi vida, mis sueños, mis anhelos y todo lo que soy. Tú eres el Alfarero, guía mi camino, haz tu obra en mi corazón; ayúdame a ser cada día más como tu Hijo, ayúdame a cumplir tu propósito en mí. Dame la valentía para compartir tus buenas nuevas. Creo en ti y en tu Hijo Jesucristo, creo en el perdón que Él ofrece a los que se arrepienten. Jesús, te confieso como mi Dios y Salvador; te pido que en tu misericordia me guíes y me acompañes en medio del camino. Que siempre se haga tu voluntad en mi vida, amén'.*

Finalmente, te comparto algunos versículos que seguro te darán esperanza y seguridad:

- *"El Señor va delante de ti. Él estará contigo, y no te dejará ni te desamparará. No temas ni te intimides"*
(Deuteronomio 31:8)

- *"Escucha lo que te mando: Esfuérzate y sé valiente. No temas ni desmayes, que yo soy el Señor tu Dios, y estaré contigo por dondequiera que vayas"* **(Josué 1:9)**

- *"Enséñenles a cumplir todas las cosas que les he mandado* [habla Cristo a los apóstoles]. *Y yo estaré con ustedes todos los días, hasta el fin del mundo. Amén*",
(Mateo 28:20)

Notas

Estudia constantemente este libro de instrucción. Medita en él de día y de noche para asegurarte de obedecer todo lo que allí está escrito. Solamente entonces prosperarás y te irá bien en todo lo que hagas.

Josué 1:8 (NTV)

¡Gracias!

Estoy demasiado agradecida con Dios por poner en mi camino a personas que me han acompañado en esta jornada. Cualquiera que ha logrado algún sueño en esta vida, sabe que no se puede solo. Soy la más bendecida de tener gente a mi alrededor que cree en mí y conmigo, que me impulsa a ser mejor y a seguir adelante.

Papá, mamá y Yahed, gracias por siempre estar a mi lado. Me ven como alguien que puede lograr lo imposible aún cuando yo no me siento capaz. Gracias por acompañarme en cada locura que se me ocurre emprender. Gracias por su amor y su apoyo incondicional. Los amo.

Gracias Raúl por empeñarte en hacer la portada que no sabía que tanto quería. Hiciste un trabajo espectacular.

Melina, gracias por tu amistad y apoyo en mis proyectos. Gracias por tomarte el tiempo de leer cada capítulo y ayudarme a poder transmitir mis ideas de la mejor manera. Gracias por tu tiempo, consejos, y ayuda.

Itiel, gracias por creer en este proyecto que nació en el corazón de Dios. Gracias por marcar esta generación con tu testimonio.

Gracias Brenda, Tia Cristian, Saulo, y Juan José ya que con su ayuda se realizó la primera edición. Sin su apoyo no hubiera sido posible estar aquí el día de hoy.

Gracias a todo el equipo de CLC por creer en este proyecto, por la atención, dedicación y esfuerzo para que este sueño se hiciera realidad.

Con amor, Edyah